A JORNADA PARA A MEDITAÇÃO

Voltando para Dentro

Rolf Sovik, Psy.D.

A JORNADA PARA A MEDITAÇÃO

Voltando para Dentro

Tradução:
Ana Spinelli

MADRAS

Publicado originalmente em inglês sob o título *Moving Inward: the journey to meditation*,
por Himalayan Institute Press.
© 2005, The Himalayan International Institute of Yoga Science and Philosophy of
the U.S.A.
Direitos de edição e tradução para o todos os países de língua portuguesa.
Tradução autorizada do inglês.
© 2012, Madras Editora Ltda.

Editor:
Wagner Veneziani Costa

Produção e Capa:
Equipe Técnica Madras

Tradução:
Ana Spinelli

Revisão da Tradução:
Soraya Borges de Freitas

Revisão:
Maria Cristina Scomparini
Jerônimo Feitosa
Silvia Massimini Felix

Dados Internacionais de Catalogação na Publicação (CIP)
(Câmara Brasileira do Livro, SP, Brasil)

Sovik, Rolf
A jornada para a meditação/Rolf Sovik; tradução Ana Spinelli.
– São Paulo: Madras, 2012.
Título original: Moving Inward: the jouney to meditation.

ISBN 978-85-370-0814-0

1. Conduta de vida 2. Espiritualidade
3. Meditação 4. Reflexões 5. Yoga I. Título.

12-13218   CDD-294.5436

Índices para catálogo sistemático:
1. Meditação: Dinâmica espiritual: Yoga
294.5436

É proibida a reprodução total ou parcial desta obra, de qualquer forma ou por qualquer meio eletrônico, mecânico, inclusive por meio de processos xerográficos, incluindo ainda o uso da internet, sem a permissão expressa da Madras Editora, na pessoa de seu editor (Lei nº 9.610, de 19.2.98).

Todos os direitos desta edição, em língua portuguesa, reservados pela

MADRAS EDITORA LTDA.
Rua Paulo Gonçalves, 88 – Santana
CEP: 02403-020 – São Paulo/SP
Caixa Postal: 12183 – CEP: 02013-970
Tel.: (11) 2281-5555 – Fax: (11) 2959-3090
www.madras.com.br

*Com respeito e reconhecimento
aos ensinamentos e orientação
de Sri Swami Rama*

Índice

Agradecimentos 13
Prefácio 15
O Espírito da Meditação 19
   A jornada interior...20
   Os oito membros do yoga 22
   Como meditar...25
   Tranquilidade 26
   Respiração pelo diafragma..27
   Relaxamento sistemático 27
   Consciência da respiração...28
   Mantra 29
   Simplesmente meditar..30

Capítulo 1 – Cultivando uma Postura Imóvel 33
Encontrando uma Boa Posição Sentada....................................34
   Quatro posições sentadas 36
   A postura fácil (*sukhasana*) 37
   A postura auspiciosa (*svastikasana*) 38
   A postura da cadeira (*maitryasana*)................................41
   A postura do banquinho 42
Refinando Sua Postura 43
   Dobrando as pernas...44
   Apoio para a lombar..47
   Parte superior do tronco 49
   O pescoço e a cabeça 51
Acalmando os Sentidos..53
   Os sentidos ativos..54

Os sentidos cognitivos..56
Além dos sentidos..57
O Fecho da Raiz...58
   O papel do *mula bandha*...58
   Músculos e estrutura da pelve....................................59
   Prática..61

Capítulo 2 – Respiração pelo Diafragma 63
Elementos da Respiração...64
   Respirando no dia a dia...64
   Controle da respiração...65
   Estresse e sistema nervoso autônomo.......................66
   Respiração e emoções..66
   Respirando no yoga..67
   Respiração relaxada...68
   Sentando-se para respirar...70
   O que vem a seguir?...71
Respirando com Confiança...72
   Respirando pelo nariz..72
   A caixa torácica...74
   Respiração do crocodilo..77
   Observando a expiração..79
   Expirações enérgicas..80
   Respiração "com a barriga" nas posturas sentadas.....81
   Uma última palavra sobre a respiração pelo diafragma......81
   Um exercício de meditação...82
Desenhando o Diafragma..83
   Primeiras tentativas..84
   Uma imagem em duas dimensões..............................85
   Localização do diafragma..86
   Pulmões, coração e órgãos abdominais....................87
   Contraindo o diafragma..87
   Em três dimensões..88
Seis Métodos para Treinar a Respiração.......................91

Capítulo 3 – Relaxamento Sistemático................99
A Arte de Relaxar..100
   O relaxamento do yoga..101
   Uma postura imóvel...102
   Respiração relaxada...102

Uma viagem pelo corpo 103
Relaxando mais profundamente 105
Estabeleça uma prática 106
Como Dormir em Meio à Correria 107
Um problema sério 108
Sonolência 108
Dormindo em meio à correria 110
Como se preparar 111
A técnica 111
Equilibrando Suas Energias 113
Criando equilíbrio 116
Respiração ponto a ponto 118

Capítulo 4 – Consciência da Respiração 119
Respiração Atenta 120
Consciência da respiração 121
As cinco qualidades da boa respiração 121
"A respiração respira" 122
O toque da respiração 122
No barco da mente 123
A prática 125
Técnicas de Respiração Consciente 126
Primeiros passos 127
A mente e os sentidos 128
Contando as respirações 129
Respiração consciente sem contagem 130
A tranquilidade do coração 132
Respirando pelas Emoções 133
As emoções e a respiração 134
Respiração consciente 135
Praticando a respiração consciente 135
A respiração consciente em ação 136
Raiva 137
Ansiedade extrema 138
Tristeza e depressão 138
Por fim 138
Nadi Shodhanam: Respiração Alternada pelas Narinas 140
Energias em rotação 142
Nadi shodhanam: purificação dos canais 143

Preliminares 143
Padrão para o *nadi shodhanam* 144
A técnica 145
Um centro calmo 147
O significado de *sushumna* 147
Estabelecendo *sushumna* 148
Uma prática inicial 148
Por fim 149

Capítulo 5 – Meditação e Mantra.. 150
Conhecendo a Si Mesmo: a Meditação da Mente 151
Funções da mente 151
Aprendendo a meditar 153
Concentração 155
Mantra 155
Soham 156
Meditação com o *soham* 156
Um mantra pessoal 157
Desapego 158
Atenção plena 160
Uma imagem visual da meditação 162
Prática Completa de Meditação 164
Respirando ao longo da coluna 164
O centro das sobrancelhas 165
Uma prática completa 166
Orientações para a prática de meditação 168
Colar de Pérolas: Usando um Mala 169
O mala 170
Usando um mala 171
Contando 172
Trabalhoso demais? 173
A conta *meru* 174
Colar de pérolas 175
Motivação para meditar 176
Encontre a motivação 177
Use um mala 179
Hora e local 180
Aprenda mais 180

O Estudo do Eu: *Svadhyaya* 182
   Svadhyaya 182
   A natureza do Eu 183
   Equivalentes ocidentais 184
   Repetição interna 185
   Recitações contemplativas 185
   Meditação com mantras 186
   Últimas palavras 187

Agradecimentos

Gostaria de começar expressando minha gratidão a professores que viveram a milênios de distância de nós, mas cuja influência persiste nestas páginas. As instruções descritas neste livro baseiam-se principalmente nos Upanishads e no *Yoga Sutra* de Patanjali, livros-fonte de filosofia e da prática iogues.

Sou especialmente grato a Pandit Rajmani Tigunait, doutor em filosofia e diretor espiritual do Himalayan International Institute. Com suas aulas públicas e orientações particulares, ele continuou a moldar minha própria prática espiritual ao longo da última década. Eu também gostaria de agradecer ao doutor Usharbudh Arya (agora Swami Veda Bharati), fundador do Meditation Center, pelas instruções que me deu lá no começo. Algumas seções deste livro foram extraídas de material publicado na revista *Yoga International*. Deborah Willoughby, editora da *Yoga International*, gentilmente disponibilizou esses antigos artigos publicados para que fossem reeditados aqui.

Madalasa Baum, Sunita Singhi e outros da editora do Himalayan Institute puseram energia neste projeto, desde sua concepção até a conclusão.

Elizabeth Kugler revisou com todo o cuidado o manuscrito e foi um prazer contar com a assistência dela. Agradeço a Anne Craig, que revisou atenciosamente trechos bastante significativos do texto, logo no início desta produção, e a Emily Keating, por revisões de última hora. Minha gratidão também ao trabalho de Jeanette Robertson, *designer* do livro cujo trabalho complementa lindamente a mensagem do texto. Obrigado a Jagati Mainwaring pelas fotografias, a Roger Hill e a Roz Savage pelas ilustrações, a Barbara Gerhardt por dar assistência técnica, a Don Margaritonda e Ginny Mazzei, por terem sido modelos, e a Mary Cardinal, pela direção.

As ideias encontradas neste livro foram exploradas em parte em palestras e debates no Himalayan Institute de Buffalo [no estado de Nova York, Estados Unidos], minha cidade de residência desde 1991. Sou muito grato aos alunos de Buffalo.

Por fim, minha esposa Mary Gail tem estado ao meu lado durante os vários anos de filiação ao Himalayan, compartilhando não só o trabalho de criar este livro, mas as meditações que o inspiraram. Meus profundos agradecimentos.

Prefácio

Mais de 30 anos se passaram desde que me sentei a uma mesa baixa de frente para a pessoa que me inspirou a meditar. A sala era pequena: um espaço provisório criado para uma pequena entrevista com Swami Rama, talentoso iogue e professor visitante. Durante os poucos minutos que passamos juntos, ele parecia me avaliar. Então, calmamente e com voz profunda, perguntou-me: "Você medita?".

Conforme ele falava, lembro-me de ter sentido sua voz surgir de algum lugar excepcionalmente silencioso. Apesar disso, um fluxo de pensamentos passou pela minha cabeça em resposta à pergunta dele. Eu fizera alguns experimentos com a meditação. Havia sentado em silêncio com um grupo de amigos, tentando estar o mais presente e consciente possível. Também havia lido alguns livros e ensaios conhecidos sobre o tema. Mas a verdade é que eu não meditava com regularidade e não sabia ao certo como fazê-lo. Além disso, sabia que estava na presença de alguém que de fato meditava.

Então respondi: "Para dizer a verdade, não".

No mesmo tom profundo e calmo, ele disse: "Você deveria aprender a meditar. Eu lhe ensinarei". Naquele momento, aceitei sua oferta com gratidão.

Naquela época eu tinha 25 anos de idade e levava uma vida modesta tocando violoncelo em Minneapolis. Criei um pequeno espaço de meditação em meu apartamento e passei a comparecer às aulas semanais com um dos principais alunos de Swami Rama, que dirigia um centro local chamado apenas de Meditation Center [Centro de Meditação]. Como músico, o conceito da prática diária estava bem incutido na minha mente e em pouco tempo eu já meditava pela manhã e à noite.

Alguns meses depois, no verão de 1973, Swami Rama voltou para outra série de palestras. O cenário era idílico: uma colina coberta de grama na frente de um pequeno lago na região rural do sul de Minnesota. Ali fora montada uma tenda de abrigo para as palestras, em torno da qual os estudantes armaram barracas para dormir. Uma brisa suave soprava por entre as barracas e o vasto céu elevava-se sobre a terra.

Duas vezes por dia Swami Rama sentava-se em uma pequena plataforma para falar e responder às questões. Conforme ele falava, uma sensação de atemporalidade permeava o encontro. Seu objetivo, disse ele, não era simplesmente informar. "As palestras trazem conhecimento indireto. Isso é útil, mas só até certo ponto. É superado pelo conhecimento direto da vida interior. Este provém das experiências reunidas na meditação e é o conhecimento mais elevado."

Ele enfatizou que a meditação não é um processo de fantasiar. "A imaginação é o oposto da experiência direta", salientou. "A meditação é um método sistemático. Quando compreendida, torna-se confiável e conduz a uma experiência mais profunda." Em seguida, ele começou a explicar como meditar e quais eram as características mais importantes do método meditativo.

As falas dele, repletas das histórias bem-humoradas e anedotas pessoais que frequentemente marcavam suas palestras, edificaram nossa confiança. Durante aquele verão, recebi um mantra pessoal para usar na meditação e fiquei ainda mais convencido da importância de meditar com regularidade. Conforme eu praticava, os terrenos interno e externo de minha vida se alteraram aos poucos e, passados alguns anos, tornei-me residente do Meditation Center, onde aprofundei minha prática, auxiliei nos procedimentos administrativos e aprendi a ensinar. Foi o início de uma nova vocação.

Ao longo da duas décadas seguintes, até a morte de Swami Rama em 1996, tive a felicidade de manter um contato periódico com ele. De sua parte, ele superou em muito o que me prometera anos antes: forneceu instruções sobre meditação e, nos momentos cruciais, aconselhou-me também com relação a outras questões. Ele me encorajou a voltar à faculdade para fazer um doutorado em psicologia. Abriu as portas para que eu fosse à Índia, ao Nepal, ao Tibete, em oportunidades de aprender mais sobre as tradições meditativas. Com seu apoio, comecei a lecionar no Himalayan Institute, organização fundada por ele em 1971. Em seus últimos anos de vida, não deixou de visitar o centro do instituto em Buffalo, Nova York, onde minha esposa e eu passamos a morar em 1991.

Isso conta a história em linhas gerais. Conforme ela se desenrolava, a meditação adquiria mais do que um sentido teórico e técnico para mim. Ela trouxe à baila meus próprios padrões de hábito, emoções, impulsos e aspirações espirituais e se ofereceu como a ferramenta para filtrá-los, um trabalho que ainda continua.

De sua parte, Swami Rama sempre lembrava aos alunos das palavras de Buda: *acendei vossa própria lamparina*. Ele punha diretamente sobre os ombros de cada estudante a responsabilidade para seguir a vereda meditativa. Ao fazê-lo, garantia também que os recursos para a prática estariam disponíveis a todos.

É disso que realmente trata este livro. Ele é uma extensão do treinamento que tive a alegria de receber ao longo dos anos que se passaram. Ele dá substância aos detalhes das práticas e ilustra como a meditação pode tornar-se um hábito diário. Ela soluciona os problemas conceituais que poderiam de outro modo atravancar o processo. Por fim, tem como meta ancorar a meditação no coração do yoga, onde esteve o tempo todo.

A meditação conduz ao simples prazer de conhecer a si mesmo. Um jovem aluno, ponderando sobre isso em tempos antigos, respondeu honestamente a seu professor: "Acho que não conheço a mim mesmo". E prosseguiu: "Minha ignorância é tal que sequer posso dizer que conheço a mim mesmo". Essa foi uma admissão próxima da verdade para a maioria de nós. Ela ecoa as dúvidas que passaram por minha cabeça muitos anos atrás, quando Swami Rama me perguntou se eu meditava. Em grande parte, o remédio para essa dúvida não está em acumular mais informações sobre nós mesmos ou em realizar mais contemplação. O autoconhecimento é adquirido por uma forma diferente de conhecer, em que a mente está ocupada somente em ser. Isso é meditação, o caminho que estamos prestes a explorar.

O Espírito da Meditação

Jamais sonhei que ouviria tal música...
– O Vento nos Salgueiros

Essencialmente, a meditação é o florescimento do espírito, uma resposta individual a um chamado que vem de dentro. Ao contrário de nossos modos usuais de agir e pensar, a meditação nos pede para sentar e ficar quietos. Ela então sussurra sobre como podemos ser criativos na vida, sobre o que é verdade e o que não é, sobre como curar e prantear e sobre as alegrias provenientes do simples existir em vez do querer e do tentar. Tudo isso representa um transbordamento do espírito que permeia tanto o coração quanto a mente.

É possível que nos sintamos especialmente atraídos pela meditação em épocas de necessidade. Nesses momentos o roteiro da vida dá uma inesperada reviravolta: um problema de saúde pode ter se agravado; cometemos algum erro e agora não conseguimos nos reconciliar com quem somos; ou podemos ter perdido algo que significava muito e não conseguimos aceitar a perda. Em tais situações, as estratégias que normalmente usamos para lidar com questões já não funcionam mais e buscamos uma fonte mais profunda e silenciosa de nutrição que nos ajude a redefinir a vida.

É claro que nem todas as inspirações para meditar são estimuladas por problemas e necessidades. A beleza também inspira a meditação: a beleza da arte, da natureza e da música. Quando somos movidos pelo desejo de refazer a trajetória da beleza até sua fonte, aí está o chamado para a meditação.

Às vezes a meditação começa como forma de ordenar a vida interior, um método de disciplinar a mente. Ela também pode surgir de um senso de gratidão ou da simples curiosidade. Na maior parte das vezes, é uma resposta a um profundo anseio espiritual, uma crença de que o conhecimento direto de uma consciência mais elevada seja, de alguma forma, o propósito da vida.

Cada uma das várias razões para a meditação serve de convite, uma passagem e porta que se abre à prática. Depois de cumprir sua função, o convite pode permanecer ainda bem próximo da superfície, como um lembrete do que precisamos fazer, ou pode regredir à inconsciência.

Se tivermos sorte, o motivo que nos levou a meditar fará com que surja algo ainda maior, que florescerá em um estado de espírito impossível de ser definido em palavras. Essa abundante plenitude da consciência é o fruto da meditação. É a razão pela qual nosso coração persiste na prática. É a consciência onisciente à qual rendemos nossos modestos conhecimentos. Ao seu modo paradoxal, quando a meditação sussurra seu chamado, ela o faz com sons que nos remetem tanto à plenitude quanto ao silêncio.

A jornada interior

De olhos fechados, coluna ereta e equilibrada, uma pessoa meditando parece incorporar a própria serenidade. Há uma delicadeza surpreendente na placidez das posturas meditativas. E a disposição de um meditador para sentar-se pacientemente sem interrupções nos leva a crer que a meditação, seja qual for sua essência, é cativante, ganhando precedência sobre os desconfortos físicos e distrações mundanas.

Mas, apesar dessas impressões, é difícil entender o que é a meditação sem um treinamento. Os sinais visíveis dão poucas pistas do estado mental de um meditador e não se pode confiar muito nas generalizações que se faz normalmente sobre a prática. As aulas de *asana* [posturas do yoga] quase sempre negligenciam a meditação, e, mesmo quando ela é incluída no tempo de aula, dificilmente será o foco mais importante. Como resultado, pouquíssimos alunos de yoga parecem compreender o processo meditativo com clareza suficiente para investir em uma prática diária.

As ideias equivocadas sobre a meditação obscurecem ainda mais o cenário. Tive um colega de trabalho que vinha com uma resposta familiar a praticamente todas as novas propostas que alguém lhe fazia. Ele dizia: "Vou meditar sobre isso e depois lhe dou uma resposta". Entretanto, ele não meditava. O que ele queria dizer era que precisava de tempo para pensar sobre a ideia. Ele considerava que pensar em silêncio ou contemplar era o mesmo que meditar.

Esse não é o sentido que buscamos aqui. A meditação vai além de usar a mente para refletir. Nela, o corpo está relaxado, os sentidos estão apaziguados, as atividades diárias da mente são aquietadas e aos poucos acontece uma transformação da própria consciência. Assim como dormir à noite, a meditação traz uma mudança na consciência. Mas, ao contrário do sono, a meditação é uma mudança deliberada e ponderada na forma como utilizamos o corpo e a mente.

Nesse sentido, a meditação é mais do que simples técnica. É uma jornada interior. Ao longo do caminho, práticas iogues aparentemente sem relação entre si funcionam uma com a outra para estabelecer um centro permanente de saúde e percepção. A postura se equilibra, a respiração se suaviza e regula, as emoções são canalizadas de forma positiva e as aptidões de concentração se afiam aos poucos. No fim, desperta-se uma constante presença interior que traz harmonia ao corpo, à respiração, ao sistema nervoso, aos sentidos e à mente.

Swami Rama quase sempre brincava ao falar que uma definição de mente poderia ser "aquilo que não está aqui". Ele dizia: "Quando estamos aqui, a mente viaja para lá e, quando estamos lá, a mente permanece aqui". Sua observação nos lembrava de que a prática da meditação centra a atenção no momento presente.

Esse processo de centramento envolve três elementos importantes. O primeiro é um foco interior, um lugar de repouso para as energias mentais e para a percepção. O segundo é uma atitude de desapego, permitindo que os pensamentos que distraem venham e vão sem perturbar a atenção ou adquirir nova energia. O terceiro é o despertar de uma consciência interior difusa, um estado de espírito diferente daqueles que vivenciamos na vida. Nesse estado mental, chamado *atenção plena*, a percepção naturalmente se volta para dentro e torna-se consciente de si mesma.

Como processo, a meditação começa fixando a atenção em algo. Podem variar os objetos utilizados na prática, mas as sensações de respirar ou o som repetitivo do mantra são pontos de foco comuns. O processo de concentração meditativa não é forçado nem trabalhoso. Assim como uma pessoa desenvolve uma boa visão noturna identificando pontos cada vez menores de luz no céu noturno, o foco meditativo é refinado lentamente. Assim que um foco foi adquirido, as energias relativamente espalhadas que normalmente ocupam o espaço mental são integradas aos poucos e a atenção fixa-se no centro de percepção tranquilo.

A arte da concentração também envolve o aprendizado de como lidar com pensamentos, imagens e emoções que distraem, interrompendo o processo de foco. Em geral, quando reagimos a pensamentos que distraem dando-lhes atenção, acabamos jogando lenha na fogueira deles. Então, a abordagem mais comum para administrá-los é permanecer neutro e dessa forma permitir que passem. Mas isso requer certo nível de autocompreensão, conhecimentos iogues práticos e uma filosofia pessoal.

As distrações que nos intrigam na meditação são exatamente os desejos e as questões que de outro modo energizam nossa vida interior. Para lidar com eles, precisamos criar uma postura imóvel, aprofundar e relaxar o fluxo da respiração e inspecionar com calma a dinâmica de nossos pensamentos. Em vez de lutar para suprimir os pensamentos, aprendemos a apaziguar reações automáticas e instintivas a eles, desenvolvendo o discernimento. Os pensamentos produtivos são reforçados, enquanto os improdutivos recebem pouca ou nenhuma energia. Conforme os pensamentos vão e vêm, a sensação de desapego necessária para administrá-los desponta naturalmente.

Conforme o processo de centramento se aprofunda, a percepção é transformada. Testemunhamos o fluxo interno de pensamentos e imagens como se nos afastássemos devagar deles. Desemaranhada de sua dieta constante de associações e impressões, a percepção é impregnada pela calma sensação de estar presente nela mesma. Esse estado mental é classificado como a lembrança do si mesmo, ou como atenção plena (*smriti*, em sânscrito).

A atenção plena já esteve relacionada à relaxante experiência de sentar-se perto de um regato, observando o fluir da água. Enquanto a água segue seu curso, um ponto na correnteza é substituído pelo próximo sem despertar ou prender a atenção. Da mesma forma, um meditador vivencia a própria percepção como se esta saísse do fluxo automático de atividade mental. Ao observar o fluxo sem intencionalmente segui-lo, a mente é direcionada de forma mais profunda a seu foco. Desse modo, a meditação conduz a uma calma interior e à silenciosa e alegre lembrança da percepção repousando em sua própria natureza.

Os oito membros do yoga

A meditação não existe separada de outras práticas de yoga. A meditação é yoga e as práticas iogues de todos os tipos são seu fundamento; isso é bem exemplificado pelos oito membros do yoga clássico, descritos pelo sábio Patanjali cerca de 2 mil anos atrás. Eles formam um sistema de práticas chamado *ashtanga yoga*, o yoga dos oito membros, que conduz à experiência de conhecer profundamente a si mesmo. Cada um tem um papel diferente no processo de desdobramento e, juntos, eles contribuem com níveis cada vez mais profundos da experiência meditativa.

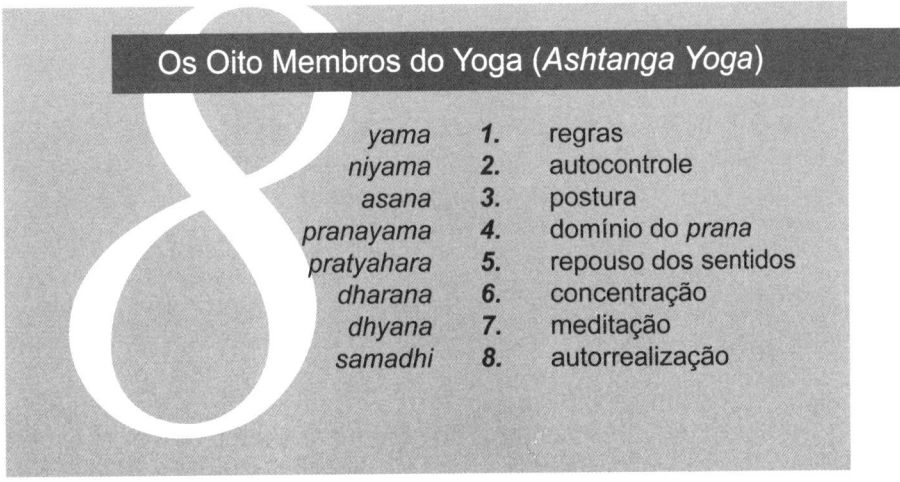

Os primeiros dois membros, disciplina e orientações de conduta (*yamas* e *niyamas*), são um conjunto de atitudes. Elas incluem, por exemplo, a ampla prescrição de evitar causar dano a si mesmo ou aos outros e a sábia sugestão de que o contentamento é o caminho mais curto para a felicidade. Por mais essenciais que os *yamas* e *niyamas* sejam para o yoga, poucos alunos parecem saber alguma coisa sobre ambos. O primeiro passo na mudança é memorizá-los. Existem apenas dez *yamas* e *niyamas*, no total, e eles podem ser aprendidos em um curto espaço de tempo. Tente escrevê-los a cada manhã. Logo você os saberá de cor.

Os *yamas* e *niyamas* não devem ser regras tirânicas que regem os alunos de yoga. São princípios que facilitam a vida.

O próximo passo na exploração desses membros será, então, bem mais interessante do que simplesmente aprender seus nomes. Trata-se de desvendar o valor de cada um, de modo que a aceitação deles seja uma coisa natural e não um esforço relutante. Viver com os *yamas* e *niyamas* revela seus segredos, suas contribuições com o quadro geral do autodesenvolvimento e as razões por que são parte tão essencial do yoga.

os yamas

ahimsa	1	não violência
satya	2	veracidade
asteya	3	não roubar
brahmacharya	4	moderação dos sentidos
aparigraha	5	ausência de cobiça

os niyamas

shaucha	6	pureza
santosha	7	contentamento
tapas	8	autodisciplina
svadhyaya	9	autoestudo
ishvara pranidhana	10	devoção

Os próximos três membros do *ashtanga yoga* referem-se às necessidades do corpo, do sistema nervoso e da mente sensorial. *Asana* significa postura e diz respeito tanto às posturas praticadas normalmente nas aulas de yoga quanto às posições sentadas utilizadas na meditação. As práticas de *pranayama* levam ao domínio das energias sutis que atravessam o corpo e a mente. Elas começam com simples exercícios para restaurar a respiração natural. Os exercícios *pratyahara* desempenham um papel importante na preparação para a meditação. O objetivo de tais práticas é tranquilizar os sentidos, retirando-os aos poucos de seus objetos de modo que tanto os sentidos quanto a mente possam descansar.

Os três últimos membros do sistema de Patanjali são todos fases do próprio processo meditativo. Em *dharana*, ou concentração, estabelece-se momentaneamente o puro foco, mas este é intermitente, como gotas de água sucessivas pingando de uma torneira. Durante essa fase, o esforço para focar é feito mais uma vez... e de novo... e de novo.

Em *dhyana*, a meditação propriamente dita, o processo do foco é mais forte e pode, portanto, ser mais relaxado. As gotas são transformadas em um fio de água contínuo que flui sem parar. Nessa fase da prática, o objeto da concentração é sustentado sem esforço na mente.

Samadhi, o último dos oito membros, é um estado mental completamente diferente dos anteriores. Costuma-se dizer que em *samadhi* a mente é de clara transparência. Nesse estado, sujeito e objeto integram-se completamente, fazendo desaparecer a aparente dualidade entre aquele que conhece e aquilo que é conhecido. Então, a concentração é totalmente estabelecida e o sentimento de que "estou meditando" é transcendido. Normalmente não se atingem a profunda clareza e inocência mentais necessárias para se alcançar esse nível de prática, e o *samadhi* é honrado por praticantes em todos os níveis.

Como meditar

As elevadas alturas do yoga são fruto de prática perseverante. Mas mesmo os estágios iniciais da meditação são bem satisfatórios. Isso é verdadeiro principalmente quando a prática estiver bem organizada. Um método de meditação bem planejado facilita a tranquilidade da mente cotidiana e ajuda-nos a alcançar o mesmo nível profundo de meditação dia após dia. Aqui está um plano básico de meditação dividido em cinco estágios:

> *um*
> Estabeleça uma postura imóvel que conduza a uma sensação de calma.
> *dois*
> Desenvolva a respiração profunda, pelo diafragma.
> *três*
> Relaxe sistematicamente; termine respirando como se o corpo inteiro respirasse.
> *quatro*
> Estabeleça a percepção da respiração nas narinas.
> *cinco*
> Use um mantra para refinar seu foco interior.

Essas etapas delineiam a jornada interior e cada uma prepara o terreno para a seguinte. Por exemplo, assim que a tranquilidade física é alcançada, pode-se prestar atenção mais facilmente à percepção dos mecanismos da respiração. Depois que o corpo e o sistema nervoso estão relaxados, é bem mais fácil concentrar-se mentalmente na respiração que toca o lado interno das narinas. Cada um desses estágios tem sua própria seção neste livro, mas, para melhor contextualizar o que diremos a seguir, faremos agora um breve apanhado desses estágios.

Tranquilidade

A meditação é um processo de prestar atenção, e a essência da meditação é desenvolver a concentração em um ponto. Então, liberta da tendência de se ocupar com quaisquer distrações, a mente fica profundamente serena.

Mas, como você pode ter descoberto, as condições para alcançar a concentração unifocal são enganosas. Mesmo quando há poucas interrupções externas, as distrações internas dão um jeito de se intrometer e é por isso que o primeiro passo no processo meditativo é estabelecer uma postura de meditação imóvel e confortável. Isso fornece o equilíbrio e a sensação de isolamento necessários para servirem como local de trabalho interno.

A tranquilidade é a principal característica de uma boa postura meditativa e é também o fundamento físico da meditação. Enquanto o corpo permanecer agitado e compelido a se mexer para todos os lados, a mente se mexerá com ele. Para ficar parado, tanto dentro quanto fora, você deve achar uma postura confortável de meditação.

Normalmente, usam-se quatro posturas sentadas. Duas são de pernas cruzadas, a postura fácil (*sukhasana*) e a postura auspiciosa (*svastikasana*); há a postura da cadeira (*maitryasana*) e a sentada em um banco inclinado. Cada uma será explicada no capítulo seguinte.

É importante mencionar outra postura, a deitada, ou postura de "cadáver" (*shavasana*). Ela é inestimável como preparação para a meditação e deve ser a escolhida quando você estiver em trabalho inicial com a respiração pelo diafragma ou praticando um dos vários exercícios de relaxamento que servem como preparação para a meditação. Entretanto, a *shavasana* não é usada como postura formal para a prática de meditação, pois é provável que nessa postura você perca a concentração e acabe dormindo.

Para estar completamente confortável em qualquer postura de sentar, você provavelmente precisará fortalecer os músculos de suas costas, melhorar a percepção de seus hábitos ao se sentar durante as horas não meditativas da vida (para que o esforço de endireitar a postura não seja contraproducente) e ter uma prática regular sentando-se para a meditação. Ajuda fazer posturas de *hatha yoga* que o ensinarão a usar de modo saudável a pelve, a articulação do quadril e as costas. Logo você conseguirá ficar na postura sentada com pouco esforço, e ela será confortável e ereta.

Respiração pelo diafragma

Uma postura confortável naturalmente leva ao segundo estágio de prática: a respiração relaxada, pelo diafragma. No cotidiano, poucos de nós dão a devida atenção à respiração e, como resultado, hábitos respiratórios deficientes desequilibram tanto o corpo quanto a mente. A cada momento, a respiração resulta da influência de três forças separadas, mas entrelaçadas: as necessidades metabólicas que agem como influência primária na respiração; influências não voluntárias na respiração, como emoções, tensão e dor; e as influências voluntárias na respiração, como quando escolhemos segurá-la ao mergulharmos na água. No cotidiano, entretanto, mesmo quando temos algum entendimento desses mecanismos, o processo respiratório geralmente permanece fora de nossa percepção.

Durante a meditação, o quadro se inverte. Um meditador aprende a se conscientizar da respiração e a observá-la. Isso rende uma grande reserva de informações. O básico da anatomia respiratória é aprendido de forma prática e, conforme o movimento dos músculos respiratórios se regula naturalmente, a respiração torna-se calma e natural. Esse é um aspecto tão importante da prática que muitas vezes se diz que, sem a consciência da respiração, não existe yoga.

Relaxamento sistemático

O terceiro estágio de prática, o relaxamento, começa com métodos simples para aliviar a fadiga e a tensão, bem como tranquilizar os sentidos. Nem sempre é fácil medir os níveis de tensão, mas ela nos afeta profundamente. O tônus muscular, o funcionamento dos órgãos, a sensibilidade emocional e os processos de pensamento são todos afetados pela reação de tensão. Quando começamos a relaxar sistematicamente, os níveis de tensão passam por acentuada reversão.

Os exercícios formais de relaxamento normalmente são praticados nas posturas deitadas e são o prelúdio da meditação sentada. Eles abrem as portas para uma nova forma de autoconhecimento, que nos traz a experiência de repousarmos tranquilamente dentro de nós mesmos. Os métodos de relaxamento variam e podem incluir viajar pelo corpo para descontrair os músculos (relaxamento sistemático), concentrando-se de várias formas nos movimentos rítmicos da respiração (respiração ponto a ponto), ou mover-se pelo corpo com um foco mais sutil nos padrões de energia. As práticas de relaxamento menos formais são usadas nas posturas sentadas para criar um sentimento de sossego interior. Seja qual for o método empregado, o relaxamento acalma a mente para o próximo estágio de prática: a consciência da respiração nas narinas.

Consciência da respiração

Cada etapa do processo meditativo envolve concentração. Antes de fechar os olhos, um meditador prepara o lugar em que vai se sentar e trata de realizar o ritual de ficar confortável. De olhos fechados, o foco volta-se para dentro e muda para o corpo que aos poucos se acalma. Nesse momento, a concentração ocupa-se com o processo de um afastamento lento dos movimentos normais e conexões sensoriais com o mundo externo. Aos poucos, como vimos, o foco estreita-se: prestando atenção na respiração, relaxando os nervos e, finalmente, acalmando os sentidos. Quando esses processos estiverem mais ou menos completos, alcança-se um momento singular no processo de meditação: a atenção é levada para um nível bem mais sutil de concentração: repousa no toque da respiração fluindo dentro das narinas.

Se qualquer um de nós tentasse reinventar as técnicas de meditação, com certeza levaria um tempo enorme para chegar à ideia de concentrar-se na respiração dentro das narinas. Normalmente não prestamos atenção à respiração, a menos que esteja congestionada ou obstruída. Porém, em praticamente todas as tradições meditativas, a respiração nas narinas foi escolhida como método para afiar de forma acentuada o foco da mente. Qual a razão disso?

A resposta é que, embora o objeto utilizado como foco meditativo possa ser externo, como a chama de uma vela ou alguma imagem inspiradora, é preferível escolher algo intrínseco ao meditador. Buscamos um objeto que esteja sempre disponível, forneça um estímulo interno ininterrupto para a concentração e acalme a mente e os sentidos. Em todos esses aspectos, o toque da respiração é ideal. Ele oferece uma sensação sutil e deliciosa para a qual podemos trazer nossa atenção a qualquer momento. Ela é automática e flui de modo contínuo. Assim como a mente se concentra na respiração, os sentidos, exceto o tato, afastam-se de seus objetos e descansam. A sensação agradável da respiração prende a atenção da mente, ancorando-a de modo firme e suave.

A consciência da respiração nas narinas nos conecta com as energias centrais do corpo e da mente. Os canais sutis de energia que fluem da base ao topo da coluna vertebral ramificam-se e terminam na base das narinas. Quando se presta atenção a elas, esses fluxos de energia são naturalmente integrados, em um processo chamado "estabelecer *sushumna*", que cria uma profunda sensação de tranquilidade e alegria.

Mantra

Por ser sutil, a consciência da respiração ativa de forma moderada a mente sensorial. Isso tem vantagens e desvantagens. As sensações da respiração são apropriadas à concentração, mas o processo é menos refinado do que um que se baseie apenas em foco mental. O próximo estágio da meditação será, então, estabelecer a concentração em um pensamento na mente.

Na vida cotidiana, experimentamos a mente como um fluxo de atividades. Deixamos entrar sensações, formamos imagens visuais, processamos emoções, temos pensamentos, lembramos de memórias, sonhamos e até mesmo dormimos. Na maior parte das vezes nos identificamos com as atividades mentais gerais.

Na meditação, a abordagem é diferente. Depois de acalmar a mente, entramos nela não como funcionários ocupados em utilizá-la, identificados com seu trabalho, mas como meditadores cuja intenção é descansar a mente e devolver aos poucos a percepção à sua natureza verdadeira. Isso pode ser conseguido usando um mantra como foco.

O mantra é um som dado na tradição iogue para proteger, guiar e treinar a mente. Quando um mantra é recitado, traz energia para a mente, assim como tocar a música favorita desperta o sentimento a ela associado. O mantra não é um conceito abstrato como as palavras *amor* ou *paz*. Também não é a representação de um objeto como a palavra *maçã*, que representa uma fruta redonda e suculenta. O mantra é uma forma audível de pura consciência, uma nota límpida alcançando a mente do espaço interior de consciência. Na meditação, o som dessa nota é despertado na mente, transformando a vida interna com sua presença.

Com o tempo, o som do mantra adquire uma ressonância e familiaridade, recorrendo por iniciativa própria. O esforço para mantê-lo é relaxado, mas mesmo assim a mente continua a ser preenchida por ele. Ela então adota a energia do mantra mesmo quando adquire uma constância na concentração.

A escolha do mantra é uma questão importante. É melhor recebê-lo de um professor a quem foi atribuída a responsabilidade por conceder mantras. Há, entretanto, alguns mantras que não exigem iniciação de um professor e podem ser utilizados por todos. O mantra mais comumente recitado pelos meditadores iniciantes é o *soham*, que é dividido em duas partes durante a meditação. O som *so* é recitado durante a inspiração, enquanto *ham* é recitado durante a expiração (esses sons não são pronunciados em voz alta, mas ressoam na mente). Diz-se que *soham* é o som natural da respiração e pode ser traduzido como "Eu sou isso" ou "Eu sou o que sou". A energia desse mantra age como um farol que conduz a consciência de volta a si mesma.

No yoga, o espírito humano é visto como algo além do fluxo de pensamentos. A percepção, ou consciência, é a pura natureza do espírito, enquanto a mente serve como seu instrumento. Quando não conseguimos distinguir entre ambas, mente e consciência, acabamos nos identificando com nossos processos de pensamento, como se eles fossem nós e nós fôssemos eles.

Na meditação, a distinção entre os pensamentos e a percepção é definida de forma aguçada. Não é a mente que nos fornece percepção, tampouco as operações da mente são autoconscientes. A mente é um instrumento; a percepção é quem nós somos. Conforme a mente repousa cada vez mais em seu foco, a percepção é revelada aos poucos. Como diz o *Baghavad Gita*, viemos para "elevar o eu pelo Eu".

Simplesmente meditar

O objetivo dos capítulos seguintes é explorar em maior profundidade cada um desses cinco estágios básicos de meditação. Conforme você prossegue, espero que veja um pouco da riqueza e da variedade de práticas associadas a cada etapa. Assim como eu, pode ser que você tenha a sensação gratificante que a meditação é lindamente projetada para seu propósito espiritual. Ela engloba a totalidade das experiências humanas e pode ser adaptada às necessidades de cada indivíduo.

No processo de expandir seu conhecimento sobre a meditação, entretanto, é importante não perder de vista a simplicidade essencial da prática. Quinze, 20 minutos... talvez meia hora por dia: este será o tempo reservado para a prática. Se você gosta de meditar e sentir-se motivado, pode praticar duas vezes por dia. O ritmo de sentar-se logo determinará seu momento. Então, os exercícios contidos em praticamente todos os capítulos deste livro se tornarão experimentos que o ajudarão a refinar suas habilidades meditativas e ancorar sua concentração de modo mais seguro.

Em todos os empreendimentos humanos, deve-se estabelecer um equilíbrio entre o que foi denominado com inteligência "as palavras e a música", ou seja, entre os detalhes da prática e a alegria lírica dela.

Nunca é uma boa ideia se desviar demais da simplicidade. Por isso, embora os materiais no próximo capítulo possam representar um desafio, referindo-se a todos os estágios da meditação em grande quantidade de detalhes, a ideia deles não é conduzi-lo para longe da vontade silenciosa que inicialmente o estimulou a meditar. A alegria da meditação está em responder naturalmente ao chamado dela. Ao fazermos isso, a técnica encontra seu lugar na experiência de ser.

Meditação, uma prática básica

■ *Tranquilize o corpo*
A tranquilidade é a marca da meditação profunda. Para começar sua meditação, sente-se ereto em uma das posturas sentadas.

■ *Estabeleça a respiração pelo diafragma*
Concentre-se em sua própria expiração e inspiração. Respire pelo nariz, relaxando os lados da parte inferior das costelas e do abdome. Deixe que a respiração se torne profunda e pelo diafragma.

■ *Relaxe sistematicamente*
Mantenha a tranquilidade e a respiração relaxada. Viaje de modo sistemático por seu corpo, liberando tensão e descansando cada área. Então respire como se seu corpo inteiro respirasse.

■ *Pratique a percepção da respiração nas narinas*
Esse é o início da prática formal de concentração. A sensação da respiração nas narinas é um foco de calma que estabilizará e enraizará sua meditação.

■ *Repouse sua percepção no som de um mantra*
Um mantra é uma palavra ou som utilizado para concentração. Deixe que sua percepção repouse nele. Depois de algum tempo, parecerá que o som chega por vontade própria e você pode relaxar do esforço.

Quando os pensamentos interromperem sua meditação, deixe que venham e vão sem voltar a prestar atenção neles. Se você se distrair, conduza sua mente com suavidade de volta ao centro de calma de seu foco interno e descanse ali, em paz.

Capítulo 1

Cultivando uma Postura Imóvel

Para ter consistência, a meditação precisa de uma fundação estável. A base disso é a postura imóvel, que significa posicionar braços, pernas e coluna de um modo que possam ser mantidos confortavelmente. Normalmente são praticadas quatro posturas, e cada uma será examinada no primeiro capítulo desta seção, "Encontrando uma Boa Posição Sentada".

Conforme a meditação se aprofunda, é preciso ir ajustando a posição sentada, seja ela qual for. Esse processo é descrito em "Refinando Sua Postura". Isso consiste em trazer uma cuidadosa atenção a cada parte do eixo da coluna vertebral, desde sua base até o topo da cabeça. Ao longo do percurso, a coluna ficará alinhada e fortalecida de tal modo que permanecer sentado na postura exija um mínimo de esforço.

Essas posições tranquilizam a atividade sensorial. Isso pode até parecer pouco importante comparado aos desafios que encontramos ao tentar construir uma postura confortável, mas é exatamente o oposto. "Acalmando os Sentidos" faz um apanhado breve da maneira simples, embora elegante, pela qual as posturas sentadas influem nos órgãos de sentido, acalmando suas atividades.

O assoalho pélvico (a raiz da postura sentada) merece um curto capítulo especialmente para si. O fortalecimento dos ossos da pelve traz uma série de benefícios à saúde e a contração moderada desses músculos durante a meditação ajusta a postura sentada. "O Fecho da Raiz", capítulo final desta seção, descreve então como trabalhar com o assoalho pélvico.

Encontrando uma Boa Posição Sentada

*Não seria um templo de carne superior
àquele feito de pedra?*
– Allama Prabhu

Quem tem pouca experiência com meditação pode estranhar a importância dada às posturas sentadas. Sentar, de uma forma ou de outra, é uma ação que todos nós realizamos diariamente, requer pouco esforço e à qual prestamos pouca atenção. Por que então se esforçar com algo tão relativamente tedioso? Pois é justamente essa falta de atenção (a maneira pouco consciente como nos sentamos) que nos faz examinar com mais cuidado as posturas sentadas. Sentar, assim como qualquer outro aspecto da meditação, dá a oportunidade de trazer à tona o que está abaixo da superfície mental, onde pode ser integrado.

Nas posturas sentadas, é o corpo que armazena nossa atenção. Agitação física, desconforto e dor, juntas rígidas e músculos tensos são apenas alguns dos fatores que a maioria de nós aprendeu a tolerar dia após dia. Eles são uma fonte de distração nas meditações, mas também podem agir como sinais para nos ajudar a descobrir algo novo: um eu físico confortável consigo mesmo. Em vez de uma relação cada vez mais distante com o corpo, uma postura sentada confortável afia a atenção e promove uma sensação de tranquilidade física e mental.

Criar uma boa postura sentada é parecido com criar um ambiente externo agradável. Assim como nos sentimos revigorados ao arrumar uma sala bagunçada ou reorganizar algum espaço esquecido da garagem, ajustar uma postura enferrujada aviva a mente. Conforme aumenta a duração da meditação, uma posição sentada confortável torna-se ainda mais importante. Ela liberta a mente para que esta interaja com níveis mais sutis da personalidade. Entre os meditadores mais experientes, o ato de estabilizar-se em uma postura sentada é, na verdade, o que dá início ao processo de meditação.

Neste capítulo, examinaremos as posições sentadas mais praticadas, mas, antes de entrarmos de cabeça nos detalhes, é importante fazer uma pausa por alguns instantes. Precisamos trazer a perspectiva correta à nossa abordagem e, no processo, mitigar as exigentes expectativas que tão frequentemente acompanham tais posturas. Para fazer isso, lancemos um olhar mais geral ao que significa sentar-se para meditar.

No yoga, o ato de sentar é um casamento entre forma e função. *Forma* é a estrutura e os meios técnicos pelos quais atingimos um objetivo, enquanto *função* é a intenção subjacente ou o próprio objetivo. Uma ponte em arco (*forma*) provê uma passagem segura (*função*) tanto a pedestres quanto a barcos. Na meditação, a forma de uma postura é o estilo particular de arrumar os membros e alinhar a coluna. A função é trazer a atenção para dentro e facilitar a concentração. A forma e a função estão entrelaçadas.

Nos primeiros estágios de prática, é fácil ficarmos presos aos detalhes da forma, nos detalhes técnicos da postura. Para algumas pessoas, isso pode significar um esforço para se sentar "direito", mas sentar com pouco conforto ou satisfação. Para outros, pode significar reagir do modo oposto: ignorar cegamente as sugestões úteis quanto às posturas por causa da rigidez e da disciplina que estas parecem impor. Para encontrar um meio-termo, precisamos de uma abordagem que funcione para cada corpo individual e que traga os efeitos mais centradores.

A estratégia empregada no *Yoga Sutra* (2:47) para conseguir isso é incrivelmente versátil. Patanjali nos aconselha a desenvolver uma postura sentada que seja tanto firme (*sthira*) quanto confortável (*sukham*). Esses dois critérios complementares resolvem os vários problemas representados pela postura de sentar. Uma postura imóvel é feita de equilíbrio e firmeza, evoca o não movimento. Nas escrituras, a palavra *sthira* também sugere uma postura bem alinhada, com cabeça, pescoço e tronco eretos (ver, por exemplo, o *Baghavad Gita* 6:13). A prescrição de manter uma postura *confortável* nos lembra que o objetivo da postura não é lutar contra a dor e a tensão. A postura deve ser agradável em vez de agravante. Por isso, os detalhes do sentar devem ser solucionados tendo em mente tanto conforto quanto estabilidade. Assim como dois pilares de sustentação, esses dois critérios possibilitam a cada pessoa moldar uma postura de meditação efetiva.

A meta de prática é chegar a uma posição sentada ereta e que se apoie em si mesma. Mas, no começo, é recomendável ter em mente que você pode acabar achando as posturas sentadas sem apoio desafiantes (ou mesmo desagradáveis). Se esse for o caso, um apoio externo (o encosto de uma cadeira ou uma parede) pode salvar o dia. Use um desses nos primeiros estágios da prática, ao mesmo tempo em que trabalha para se alongar e fortalecer para se sentar mais confortavelmente sem esse auxílio externo.

Não se sinta obrigado, como é o caso de alguns alunos, a sentar-se em posturas muito difíceis. Mantenha em mente que o foco deve estar no processo interno de meditação, em vez de estar em sua aparência externa. Se você tiver dificuldades em manter uma postura difícil, meditar sentado em uma cadeira pode ajudar, por algum tempo, de modo a diminuir o esforço de permanência. Isso pode iniciar uma mudança de ponto de vista e uma nova perspectiva ao ato de meditar sentado.

Outras situações na vida são ainda mais desafiadoras. Se você está confinado a uma cama, por exemplo, a própria cama terá de ser fonte de estabilidade. Use travesseiros para tornar a postura ainda mais confortável.

Felizmente, para a maioria dos praticantes, há ajustes simples que tornam mais confortáveis as posturas sentadas mais comumente utilizadas. Dentre eles, como veremos, incluem-se apoios para a pelve e as pernas. Com tais ajustes, logo surgirá uma postura satisfatória.

Quatro posições sentadas

Quando Swami Rama dava aulas de meditação, ele frequentemente ressaltava que o posicionamento das quatro extremidades (os dois braços e as duas pernas) é bem menos importante do que o posicionamento da coluna. O elemento essencial de qualquer postura, dizia ele, é sua estabilidade para alinhar cabeça, pescoço e tronco. O eixo espinhal começa na base da coluna e sobe até o topo da cabeça. Nas posições sentadas, dois temas importantes fundamentam a forma de lidar com essa coluna central de energia: alongamento e equilíbrio. Quando há amplo espaço entre as vértebras contíguas e uma sensação de extensão na coluna vertebral, a energia natural da coluna a levanta e lhe confere uma leveza que pode ser sustentada com facilidade. De modo igualmente importante, quando a coluna está equilibrada, esse alinhamento age como um bálsamo para aliviar o desconforto em cada área da coluna.

Uma série de posturas sentadas pode ajudar a obter esses benefícios. A mais famosa na literatura popular é a posição de lótus, em que as pernas ficam dobradas e os pés em cima das coxas opostas. Entretanto, essa posição tão conhecida é bem mais usada no *hatha yoga* do que na meditação. O esforço que ela coloca nos calcanhares e joelhos pode ser excessivo para a meditação. Dentre as várias posturas sentadas mais apropriadas para meditar, quatro são as mais escolhidas: a postura fácil, a postura auspiciosa, a postura da cadeira e a postura do banco inclinado.

Uma postura sentada imóvel depende do formato e da largura de sua base. No corpo humano, há dois ossos protuberantes (ísquios) que saem da pelve e agem como subestruturas ósseas sobre as quais apoiamos o peso do torso ao sentar. Mas é praticamente impossível sentar somente sobre esses dois ossos. Sem a vantagem dos glúteos com sua carne, seria bem difícil (e dolorido) equilibrar-se.

O apoio para um torso ereto exige pelo menos três pontos de apoio (considere o banco de três pés), e, quando se trata de se sentar para meditar, uma postura de pernas cruzadas é a que melhor serve a esse propósito. Ao dobrar os joelhos e cruzar os tornozelos, você cria a forma triangular desejada e distribui parcialmente o peso do tronco dos ísquios para as pernas.

A postura fácil (*sukhasana*)

A postura de pernas cruzadas mais confortável à maioria dos alunos é denominada postura fácil (*sukhasana*). Quando você era criança, provavelmente usava essa posição ao sentar-se no chão. Nela, as pernas ficam simplesmente cruzadas mais ou menos até a metade da canela, e as mãos repousam nas coxas (qualquer uma das pernas pode ser dobrada primeiro). Apesar de sua aparência, entretanto, a postura fácil não é "fácil" e, se for usada para sentar na meditação por qualquer período de tempo, será necessário o uso de almofadas. O problema é que, sem as almofadas, essa postura deixa os joelhos suspensos acima do chão, ficando o joelho e a parte interna das coxas vulneráveis a distensões, além de contorcer as articulações dos quadris. Provavelmente a lombar se arredondará e também perderá a força. Isso leva àquela experiência familiar de se sentar ereto por algum tempo; e então, você acaba se curvando e aí faz um esforço para sentar-se ereto novamente, mas curva-se de novo, o que é, no mínimo, um processo desestabilizador.

A solução são os apoios. Apoie as duas pernas, bem como o assoalho pélvico, em almofadas ou cobertores enrolados, aliviando a tensão nos quadris e joelhos e dando equilíbrio à pelve e parte superior das pernas. Somente os pés repousam no chão. Erga bem a pelve. Continue erguendo os quadris até que pareça contraproducente colocar mais almofadas. Isso eliminará a tensão na lombar. Não se preocupe em exagerar no apoio nem com o fato de ficar parecendo a rainha de Sabá flutuando sobre uma pilha de almofadas ou cobertores. A verdade é que esses apoios substituem o suporte que o chão fornece em qualquer uma das outras posturas de pernas cruzadas.

Veja se as almofadas ou cobertores em que sentar estão bem firmes. A firmeza na base da coluna é importante não só para trazer um apoio durável, como também facilita o movimento da energia para dentro do assoalho pélvico. Use almofadas sob as pernas, mesmo se apenas uma perna parecer problemática. Não atrapalhe a simetria da postura com uma perna mais alta que a outra. Ao longo do tempo, conforme seus quadris e pernas ficarem mais flexíveis e as costas se endireitarem, você poderá decidir reduzir a quantidade de apoios sob os quadris e as pernas. Mas não há por que ter pressa. É melhor passar o tempo familiarizando-se com a postura antes de diminuir a altura das almofadas.

A postura auspiciosa (*svastikasana*)

A postura auspiciosa (*svastikasana*) é mais imóvel e contida do que a postura fácil, pois junta mais os pés e as pernas e os aproxima mais do torso. Também permite que as coxas e os joelhos repousem no chão, com os pés posicionados mais perto da virilha. Entretanto, o posicionamento mais próximo das pernas exige maior flexibilidade nos quadris, tornozelos e joelhos do que na postura fácil.

Assim como na postura fácil, esta pode ser realizada com qualquer um dos pés para dentro. É uma questão de preferência pessoal. Se fizer a postura colocando primeiro o pé direito para dentro:

- Ponha a sola do pé esquerdo na coxa direita, com o calcanhar posicionado alguns centímetros à direita do centro (veja exemplo na foto).
- Ponha o pé direito na coxa esquerda, apoiando-o na fenda formada pela dobra na perna esquerda. Os pés ficam simétricos e os calcanhares repousam na mesma distância do centro dos ossos púbicos. Mas o pé esquerdo fica embaixo da perna direita (inserido na fenda formada na parte debaixo), enquanto o pé direito fica acima, na fenda na perna esquerda.
- Não deixe que o osso protuberante do tornozelo do pé de cima pressione o tornozelo de baixo. Se possível, aproxime mais o tornozelo de cima da parte interna da coxa.

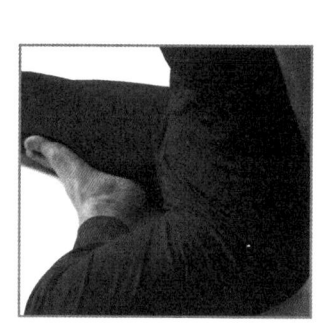

Você precisará de uma almofada para a pelve e talvez algum apoio fino para os joelhos. Para aliviar a tensão na lombar, você pode sentar com os ísquios totalmente sobre a almofada, elevando a lombar e aliviando a tensão nas pernas. Se a postura for relativamente confortável e se não forçar seus joelhos, você pode sentar com os ísquios na beira da almofada, ou no chão; nesse caso, a almofada servirá de apoio para a base da coluna.

Tanto na postura fácil quanto na auspiciosa, os apoios ajudam a conseguir um alinhamento neutro da pelve, que sustenta a lombar. Assim, a bacia da pelve não fica projetada demais para a frente, o que faria com que a lombar se arqueasse demais. A pelve também não fica contraída para dentro, o que resultaria em um achatamento ou arredondamento da curva natural interna da lombar.

A postura da cadeira (*maitryasana*)

Se a flexibilidade de seus quadris, joelhos ou lombar estiver comprometida de alguma forma, pode sentir que se sentar em uma cadeira é o melhor jeito de estabelecer uma postura imóvel e confortável que mantenha a coluna ereta. Essa posição não faz qualquer pressão extra sobre os joelhos ou quadris.

- Ache uma cadeira com superfície firme e reta. Sente-se na frente do assento, com os joelhos projetando-se de forma reta a partir dos quadris, pés completamente apoiados no chão e apontados para a frente. A altura da cadeira é algo importante a ser considerado. Ela ajuda em todas as posturas sentadas para os quadris ficarem levemente acima dos joelhos. Então as coxas formam um declive suave, minimizando a sensação de ter de "segurar as pernas". Pode-se utilizar uma almofada para elevar a altura da cadeira, se necessário. Se seus pés não estiverem inteiros no chão, coloque um apoio reto diretamente sob eles.
- Dobre os joelhos naturalmente e descanse as mãos nas coxas.

A postura do banquinho

Uma alternativa para quem quer sentar-se no chão, mas tem problemas que o impedem de cruzar as pernas, é o banquinho inclinado. Aqui, as canelas repousam no chão, o que torna a postura mais imóvel do que a da cadeira. Embora a postura da banqueta não seja tão eficaz quanto as posturas de pernas cruzadas em trazer a energia para dentro desde a base da coluna, ela fornece um bom apoio e elevação da coluna vertebral.

- Primeiro, ajoelhe-se e ponha o banco acima das panturrilhas (batatas da perna), formando uma inclinação entre o assento e seus joelhos.
- Sente-se sobre o assento, mantendo as coxas paralelas e retas com relação aos quadris. Vire os dedões dos pés para dentro, deixando os calcanhares um pouco mais separados.
- A altura do banco pode ser ajustada colocando-se uma almofada sob os glúteos. E uma toalha dobrada ou almofada fina sob cada tornozelo para, se necessário, aliviar a pressão na região.
- Assim que estiver confortável, as mãos repousam sobre a parte superior das coxas, ou ficam simplesmente unidas.

Como vimos, não é necessário ter uma postura "avançada" na hora de sentar para meditar. Na verdade, o objetivo de se concentrar em sentar é prestar atenção ao corpo como ele está agora. Todos nós podemos nos beneficiar da tonificação ou do alinhamento muscular. Mas apenas ter consciência das dificuldades posturais costuma bastar para desencadear toda uma nova abordagem na prática. Volte todos os dias a seu breve trabalho postural na hora de meditar e veja sua postura atingir cada vez mais um estado mental relaxado. Seja qual for a postura sentada que você escolher, tenha em mente que a forma exterior de meditação é menos importante do que o processo de tranquilidade que acontece internamente. Assim que tiver escolhido uma postura de meditação que combine com seu corpo, ela será um portal – uma passagem segura para os aposentos dentro de aposentos, dentro de você.

Refinando Sua Postura

Sente-se com o tronco, a cabeça
e o pescoço alinhados, imóvel e calmo.
– Bhagavad Gita

Depois que escolher uma postura para meditar, o próximo passo é começar o processo de refinamento. Podemos usar o centro do corpo, a coluna vertebral, para orientar nosso trabalho. Dividiremos a coluna em três áreas distintas (cabeça, pescoço e tronco), divisão sugerida até mesmo em tempos muito antigos. A seguir, subdividiremos o tronco em três partes: a pelve (incluindo pernas e as articulações dos quadris), a parte inferior das costas (lombar) e a parte superior do torso (caixa torácica). Desse modo, problemas como tensão muscular ou alinhamento deficiente poderão ser isolados com cuidado.

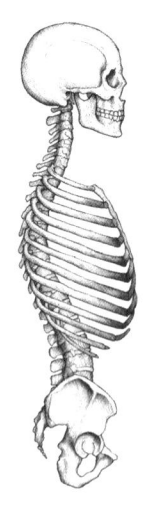

perfil da coluna e do crânio

Quando você estiver meditando, preferirá ajustar sua postura de baixo para cima, então essa será nossa abordagem, aqui. Trabalharemos sistematicamente partindo das pernas e base do torso até o topo da cabeça.

Dobrando as pernas

A dificuldade em dobrar as pernas pode criar problemas persistentes e desanimadores para quem está apenas começando a meditar. Não existe uma cura instantânea para pernas rígidas e não há um *asana* específico que resolva tudo. Mas uma seleção equilibrada de posturas pode ser a solução. É possível obter uma abertura mais ampla dos quadris e mais flexibilidade nos joelhos com alongamentos simples feitos no chão. Os músculos da parte interna das coxas, o grupo adutor, precisam de alongamento, e as pernas devem ser acostumadas devagar à combinação (exigida na maioria das posturas sentadas) entre dobrar os joelhos, rotação lateral e abertura de quadril. Os alongamentos mostrados aqui podem ajudá-lo a atingir esses objetivos. Para trabalhar na postura da borboleta com as pernas e o quadril, sente-se em uma almofada e use uma parede como apoio para as costas. O melhor é um trabalho lento e gradual. Em qualquer um desses alongamentos, não force os joelhos em uma posição que seja dolorosa ou provoque ansiedade.

Em seguida, acrescente *asanas* em pé. Eles alongam os músculos das pernas, melhorando sua circulação e criando flexibilidade nos joelhos e articulações. Inclua *trikonasana* (triângulo e suas variantes), *parshvottanasana* (postura angular e suas variantes), *parshvakonasana* (postura angular lateral e suas variações) e *prasarita padottanasana* e *uttanasana* (posturas de dobrar o corpo para a frente), bem como *vrikshasana* (postura da árvore), um *asana* que dirige atenção para a abertura do quadril e ajuda a fortalecer os músculos abdutores.

Até mesmo os meditadores mais experientes às vezes ficam com uma circulação deficiente nos pés. Quando isso acontece, um pé ou ambos, ou até mesmo partes maiores das pernas, podem ficar dormentes. Nessa situação, há uma série de fatores a verificar. Comece por ver se sua roupa não está bloqueando a circulação no quadril ou nas pernas. Estique as pernas, afrouxe as partes mais apertadas da roupa e volte a dobrar as pernas. Também é comum acontecer de a parte da frente da almofada onde está sentado impedir a circulação, pressionando a parte de trás das pernas e nos glúteos. Para remediar isso, sente-se um pouco mais para trás na almofada ou suavize a borda mudando um pouco o ângulo da almofada.

flexão do joelho

*postura deitada para
abertura de quadril*

berço deitado

borboleta

O problema mais comum, entretanto, é um tornozelo pressionar o outro, bloqueando a circulação em um pé. Para aliviar a pressão, você terá de reposicionar os pés, deixando o osso do tornozelo de cima atrás ou na frente do tornozelo de baixo. Quando aliviar a pressão, a circulação voltará devagar.

Às vezes os problemas de circulação são mais sistemáticos. Uma má circulação às pernas pode resultar de dobrá-las em praticamente todas as posturas. A situação melhorará com a prática regular de posturas sentadas, combinadas com a prática regular de posturas de pé que alonguem e fortaleçam as pernas. Enquanto isso, ajuda saber que, a menos que a condição seja dolorosa, pernas dormentes são mais uma inconveniência do que uma condição grave. De vez em quando apenas alongue suas pernas, ou massageie-as, para recuperar a circulação (mesmo enquanto medita). Levante-se devagar ao fim de sua meditação para evitar uma perda de equilíbrio inesperada.

Apoio para a lombar

É possível que em algumas ocasiões em que meditava sua postura tenha oscilado para cima e para baixo, como se você estivesse quase dormindo. O efeito não é muito meditativo. Mas você pode consertar a situação fortalecendo a lombar, possibilitando um alinhamento ao sentar sem ter de pensar de fato nele. Um fortalecimento desse tipo não é tão complicado quanto você pensa.

Comece com um simples alongamento para a frente. Dobre o corpo para a frente a partir das articulações do quadril e mantenha a lombar reta, alongando os músculos traseiros das coxas logo no início do movimento. Ao voltar o corpo para cima, você pode dobrar os joelhos ou mantê-los retos, mas os dois jeitos trabalham os músculos da lombar e têm como eixo o quadril. Use esse paradigma básico em todos os alongamentos para a frente. O objetivo é manter a lombar ereta pelo máximo de tempo possível conforme você dobra o corpo e depois voltar para uma posição ereta tão logo quanto possível, conforme você vai saindo da postura.

Outra posição que fortalece a lombar é *adho mukha navasana* (barco virado para baixo). A versão simples da postura é adequada. Deite-se com o queixo no chão, pernas juntas, braços repousando ao longo do corpo, palmas voltadas para o quadril. Mantenha os glúteos contraídos e a lombar ativada enquanto levanta as duas pernas e a parte superior do tronco ao mesmo tempo. Se as costas se cansarem, tente contrair ainda mais os glúteos. Crie um suave arco por toda a extensão da coluna, olhando sempre para o chão de modo a manter o pescoço alongado e neutro. Não é necessário exagerar na altura da posição, em vez disso, aumente aos poucos a quantidade de tempo que você passa nela. Se sentir que as costas ficaram cansadas do esforço, saia da postura e relaxe.

Talvez a melhor postura para adquirir a força na lombar necessária para conduzi-lo através da meditação seja *dandasana* (postura do bastão). Sente-se com as pernas juntas e esticadas na sua frente, pés dobrados. Inicialmente, apoie as costas colocando as pontas dos dedos no chão atrás do quadril, com os dedos virados para a frente. Mantenha a lombar ereta e aos poucos reduza o apoio do braço, aumentando proporcionalmente o esforço muscular na parte mais interna da lombar. Erga-a com firmeza e incline o tronco à frente na direção dos ísquios (os dois ossos protuberantes que usamos para sentar). Contraia também os músculos do assoalho pélvico. Essa é uma postura que exige esforço, mas com prática regular você descobrirá que consegue sustentar a elevação na lombar em vez de desabar para a pelve.

alongamento em pé

dandasana

adho mukha navasana

Parte superior do tronco

O grande problema em manter a parte superior do tronco ereta não é difícil de descobrir. Músculos peitorais tensos, junto com o peso da caixa torácica e do peito, fazem com que os ombros e a parte de cima das costas se curvem para dentro. Os músculos da parte superior do tronco agem para contrabalançar essas forças, mas perdem a briga, e a caixa torácica desaba uns bons centímetros.

Os músculos da parte superior do tronco formam uma rede complexa que se estende até embaixo, na lombar, e até em cima, nos ombros e no pescoço. Os alongamentos que abrem os ombros, trazendo-os para baixo e para longe das orelhas, tiram parte da tensão nessa área. Mas as variações do *tadasana* (postura da montanha) e do *utkatasana* (postura poderosa, ou postura da cadeira) oferecem a melhor oportunidade de melhorar a dinâmica da parte superior do tronco. Essas posturas em pé devem ser incluídas em cada série, até que suas lições tenham sido totalmente internalizadas.

Comece com *tadasana*. De pés juntos, inspire e erga os braços pela lateral até acima da cabeça. Entrelace os dedos e vire as palmas para cima. Alongue a cabeça para trás, como uma tartaruga retraindo-se para dentro do casco. Erga a parte frontal do peito em direção ao queixo e abaixe-o em direção ao ponto logo abaixo da garganta, alongando a nuca. Agora, a cada uma das três inspirações, empurre as palmas para cima e levante o peito ainda mais. Traga o círculo formado por mãos, braços e ombros um pouco na direção da parede atrás de você. Mantenha a postura por mais três respirações, então solte as palmas e abaixe os braços com uma longa expiração. Esse é um alongamento enganosamente desafiador que abrirá e elevará a parte frontal da caixa torácica.

Utkatasana, a postura da cadeira, completará esse trabalho. Comece com os braços nas laterais do corpo e pés e pernas juntos. Pressionando as pernas uma contra a outra, flexione os joelhos e abaixe devagar o torso alguns centímetros. Mantenha a lombar ereta e os calcanhares no chão (pode levar algum tempo até fortalecer os quadríceps para manter essa postura). Em seguida, levante os braços pela lateral até acima da cabeça, com as palmas viradas para dentro e braços paralelos. Alargue as costas e afaste os ombros das orelhas. Eleve o peito na direção do espaço entre as mãos. Observe a abertura potente na parte superior do tronco. Continue a elevar o peito conforme você se inclina bem de leve para trás, para trabalhar os músculos longos de ambos os lados da coluna. Traga o assoalho pélvico para dentro e para cima, criando um fluxo de energia ascendente que equilibre a ação da própria postura na parte inferior. Segure de seis a dez respirações antes de soltar os braços e voltar à postura em pé.

tadasana   *utkatasana*

Internalize a experiência de elevar o peito nessas duas posturas e volte a ela quando se sentar para meditar. Com o peito elevado, os ombros se soltarão naturalmente para os lados e você descobrirá que pode relaxar a tensão entre as escápulas e nas partes mediana e superior das costas (áreas mais forçadas durante longas meditações). Essa é uma etapa importante e, quando alcançada, você achará mais fácil prosseguir até a próxima: os ajustes na cabeça e no pescoço.

O pescoço e a cabeça

Muitos músculos desempenham uma função no posicionamento do pescoço e da cabeça, e encontrar a colocação certa é uma questão de experimentação. Mas é importante se lembrar de elevar a lombar e levantar o peito antes de tentar arrumar o pescoço e a cabeça. Do contrário, seu trabalho não fará sentido internamente.

A cabeça repousa sobre o pescoço e este, por sua vez, se ergue a partir da coluna torácica logo abaixo. Durante a meditação, é comum que a cabeça escorregue para a frente e o queixo levante, arqueando demais o pescoço no processo. Isso força mais ainda os já tensionados pescoço e músculos da parte superior das costas. Um pescoço relaxado, por sua vez, dará apoio à cabeça ao mesmo tempo em que permanece ereto e equilibrado.

Na maioria dos casos, o pescoço precisa ser levado para trás (de novo como uma tartaruga) e alongado. Isso cria uma sensação incomum de extensão na nuca, e o queixo se inclinará para baixo para equilibrar o movimento no pescoço. Se a pelve estiver bem enraizada e a lombar fortalecida, se o peito estiver levemente levantado, os ombros relaxados dos lados e a parte superior das costas relaxada, então essa reorganização do pescoço e da cabeça parecerá natural. Mas, para essas partes, a ordem do dia é a sutileza nos ajustes, o que significa tonificar os músculos que seguram a cabeça no lugar, ao mesmo tempo em que relaxamos os músculos da frente do pescoço e do fundo da garganta, bem como os da base do crânio.

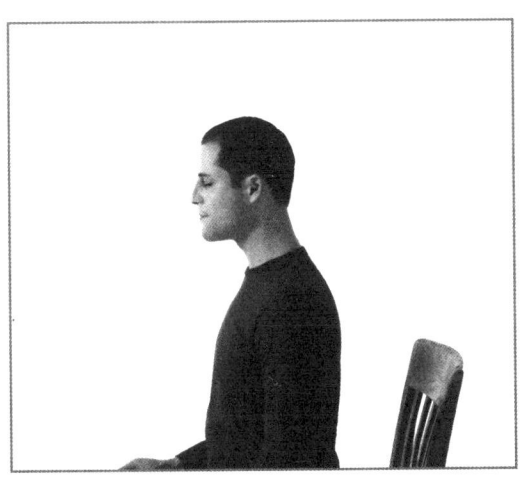

posição sentada: cabeça projetada para a frente

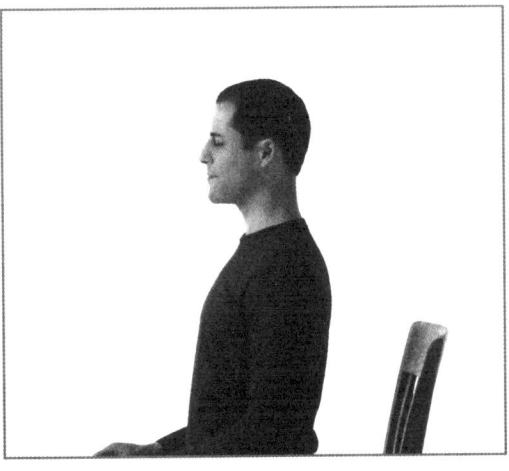

posição sentada: cabeça puxada para trás

Isso completa o trabalho de alinhar a coluna. Você perceberá que precisa prestar uma certa atenção toda vez que for se sentar, até o hábito de sentar ereto ficar bem estabelecido. Quando isso acontecer, a energia que flui pelo eixo vertebral recrutará naturalmente os músculos necessários e o ato de sentar-se ereto virá sem esforço.

Acalmando os Sentidos

O criador fez os sentidos olharem para fora, de modo que se vê o exterior e não o interior. Mas os sábios se voltam para dentro, para poderem ver a alma.
– Katha Upanishad

A função das posições sentadas pode ser vista de várias perspectivas. Dentre as mais interessantes está o efeito que elas têm sobre os sentidos, que, por sua vez, são portais conduzindo para dentro e para fora da mente. A análise iogue da personalidade descreve dez sentidos, dez passagens que ligam a percepção individual ao ambiente ao seu redor. Esses dez seriam tanto os cognitivos que já conhecemos (*jnanindriya*): olfato, paladar, visão, tato e audição, quanto os cinco sentidos "ativos" (*karmindriya*): eliminação, procriação, locomoção, manipulação e comunicação, os meios pelos quais conseguimos agir no mundo.

Cada um desses dez sentidos está associado a um órgão sensorial, um portal através do qual opera o respectivo sentido. Dentre os órgãos sensoriais ligados aos cinco sentidos estão:

- órgãos de eliminação, os meios de eliminar do corpo os resíduos
- órgãos genitais, os meios de procriação
- os pés, os meios de locomoção
- as mãos, os meios de manipulação
- a língua e as cordas vocais, os meios de comunicação

Os órgãos dos sentidos associados aos sentidos cognitivos são:

- o nariz, o meio do olfato
- a língua, o meio do paladar
- os olhos, os meios da visão
- a pele, o meio do tato
- os ouvidos, os meios da audição

Um dos importantes objetivos das posições sentadas é iniciar o processo de tranquilizar os dez sentidos de modo que a atenção possa se voltar para dentro. Para atingir esse objetivo, os dez portais dos sentidos devem ser gradualmente fechados. Isso, com a retirada do envolvimento psicológico, desperta o contato que cada sentido tem com seu objeto ou atividade usual. E, como resultado, o sentido repousa.

Os vários métodos empregados para tranquilizar os sentidos e descansar seus respectivos órgãos são invariavelmente simples e poderiam passar despercebidos. Porém, ao prestarmos atenção neles, podemos aprofundar nossa compreensão das posturas sentadas e meditar com maior profundidade e consistência. Examinemos rapidamente esses métodos, um por vez.

Os sentidos ativos

Eliminação. A descarga de resíduos no corpo deve ser administrada para que a vontade natural de expeli-los não se torne uma distração durante a meditação. Isso pode ser conseguido esvaziando-se a bexiga logo antes de meditar e determinando também horários regulares para esvaziar os intestinos, como preparação para a meditação.

O problema também é tratado pela própria postura sentada. Durante a meditação, os músculos do assoalho pélvico são contraídos suavemente e empurrados para dentro, formando *mula bandha*, o fecho da raiz (leia sobre isso no capítulo seguinte). Embora o foco principal dessas contrações seja a área central do assoalho pélvico, também ocorre uma leve contração nos músculos que cercam os órgãos de eliminação. Isso tira energia do processo de eliminar resíduos e tranquiliza o processo ativo de eliminação.

Procriação. A energia sexual é principalmente energia mental, embora certas posturas e jeitos de nos conduzirmos sejam mais sexualmente sugestivos do que outros. Com as pernas dobradas e puxadas para perto do corpo e os pés protegendo os órgãos genitais, a energia que se ocupa com sexo pode ser gradualmente redirecionada.

Locomoção. Quando as pernas estiverem dobradas e imobilizadas, a vontade de se movimentar arrefece. É necessário apenas um curto espaço de tempo para observar que a energia nas pernas está se acalmando e que a posição dos pés traz a energia para dentro em vez de mandá-la para fora pelos membros inferiores. Conforme a vontade de se movimentar se acalma, as pernas e os pés ficam cada vez mais relaxados.

Manipulação. As mãos são o mais ativo dos sentidos ativos e servem normalmente como meio tanto para manipulação quanto para comunicação. Um método simples para tirar a energia das mãos é descansá-las nas pernas ou no colo e acalmar os dedos. Um gesto manual especial (*mudra*) auxilia nessa tarefa. O mudra mais comum é aquele em que se encosta a ponta do indicador na ponta do polegar (ou em que se enrola o indicador para que sua unha toque a base do polegar) em um gesto chamado *jnana mudra*. Conforme passa o tempo, a posição aos poucos relaxa as palmas das mãos e acalma a energia que se move pelos braços.

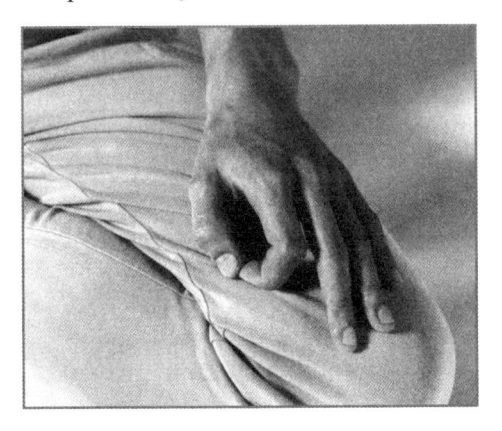

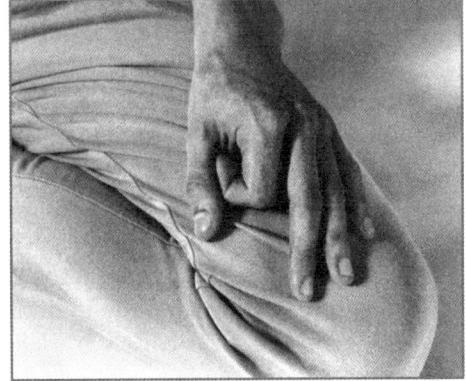

jnana mudra

Durante a meditação, as palmas podem ser voltadas para cima ou para baixo. Alguns praticantes escolhem um método e ficam com ele. Outros desenvolvem um padrão mais complicado: virar as mãos para cima de manhã, para baixo à tarde e juntá-las no colo à noite. É mais uma questão de preferência pessoal. Vale a pena observar, entretanto, que, apesar de a proliferação de ilustrações mostrar meditadores sentados de braços rígidos e retos como tábuas, essa não é uma posição comum (nem confortável). É bem mais natural dobrar os cotovelos e descansar os braços em cima das pernas.

Comunicação. O principal meio de comunicação é a voz, e a boca, a língua e o aparelho fonador devem ser acalmados para diminuir a necessidade de falar. O método básico usado para esse relaxamento é bem simples: feche a boca.

Alguns meditadores refinam ainda a técnica de retração da fala. Eles enrolam a língua e encostam sua ponta no céu da boca, em uma versão do *kechari mudra*, ou fecho lingual. Com a prática, será cada vez menor o esforço para manter a língua no céu da boca.

Os sentidos cognitivos

Olfato. Um passo inicial na meditação é distanciar o nariz de tudo que possa despertar o sentido do olfato. Como isso é uma questão principalmente de proximidade, o local em que você vai se sentar para meditar deve ficar longe de cheiros que possam atrapalhar. É interessante observar que, embora o incenso esteja associado à meditação, raramente ele é usado no momento da prática em si. Se quiser, utilize incenso antes da meditação para acentuar o clima meditativo.

Paladar. A meditação normalmente é praticada antes das refeições, não depois. Enxágue a boca ou escove os dentes antes de começar. Então, confie em sua postura para mantê-lo bastante longe de qualquer alimento e imóvel o suficiente na atitude, de modo que nem o corpo nem a mente fiquem à procura de comida durante a meditação.

Visão. Os olhos são o mais ativo dos sentidos cognitivos. Na meditação iogue, os olhos ficam fechados e as pálpebras, relaxadas. Além disso, repousa-se qualquer intenção de olhar.

Tato. O principal órgão do tato é a pele e o método para acalmar esse sentido é ficar cada vez mais imóvel. A imobilidade é a marca da meditação profunda e, conforme a primeira se aprofunda, o sentido do tato diminui. Embora reste uma sensação de toque por causa da pressão das roupas, ou mesmo do ar, sobre a pele, esses resíduos de sensação retraem-se para o nada conforme a postura é mantida.

Audição. Primeiro, escolha um lugar calmo e um momento de tranquilidade para meditar. Como não há tampas para fechar a abertura do canal dos ouvidos, não há como bloquear os sons. Mesmo sendo verdade que a imobilidade da postura não serve para perseguir sons, ela também não nos protege totalmente de ouvi-los.

Uma estratégia simples nos primeiros estágios de meditação é usar os sons ambientes como foco. Se prestar atenção aos sons que passam conforme eles se apresentam, aos poucos eles entrarão em um fluxo contínuo. Durante o processo, abandone a preferência por sons específicos e não se concentre no sentido que você atribui a sons particulares ("Puxa, aquele cachorro parece bravo!"). Logo você terá se distanciado do fluxo de sons que entram em seus ouvidos.

Algum tempo depois, substitua seu foco em sons pelo foco nas sensações do corpo. Torne-se consciente da presença de seu corpo e continue o processo de fazer um ajuste fino em sua postura. As sensações de estar em uma postura meditativa sentada o conduzirão para seu interior e em pouco tempo a atenção que você dá aos sons externos se dissolverá.

Além dos sentidos

Como pode ver, essas dez estratégias para tranquilizar os sentidos são bem simples. Entretanto, são naturais e eficazes, assim como fechar os olhos para dormir. Da próxima vez em que se sentar, reveja brevemente cada estratégia à medida que você se ajeita na postura. Então, de tempos em tempos, observe uma ou outra conforme continua o processo de centrar sua atenção.

Sua postura sentada se desdobrará com o tempo. Independentemente de qual postura você escolheu para praticar, refiná-la é uma questão de ficar mais sensível às forças que geram estabilidade e conforto. Uma postura perfeitamente imóvel se concentra no corpo da mesma forma que um objeto de concentração foca a mente. As energias físicas se acalmam, a postura é mantida sem esforço, as perturbações que surgem no corpo já não perturbam mais a mente.

Aos poucos, como pequenas ondas se esvaindo na calma superfície de um lago, as agitações da posição se resolvem e a própria postura torna-se imóvel. É este o propósito dela: apoiar você e permitir que transcenda a forma sólida exterior de seu corpo. Logo as sensações da respiração começarão a permear sua mente e a atenção mudará para dimensões mais sutis do eu.

O Fecho da Raiz

Chama-se mula bandha,
o destruidor da deterioração.
– Gheranda Samhita

Mula bandha, o fecho da raiz, é uma prática relegada muitas vezes às últimas páginas dos manuais de yoga, mas merece muito mais atenção do que isso. Ela traz uma variedade inesperada de benefícios à saúde, sendo parte integrante de uma série de *asanas* e praticamente um pré-requisito à prática do *pranayama*. Além disso, como vimos, também exerce uma função na retração dos sentidos.

A palavra em sânscrito *mula* refere-se à raiz de uma planta ou árvore. Como em português, a palavra também pode significar "base ou fundamento" ou a origem de alguma coisa (a raiz de um problema). No yoga, o termo é usado principalmente para indicar a base do tronco humano, o períneo, onde se associa ao chacra *muladhara*, o primeiro dos centros de energia que sobem ao longo da coluna.

A palavra *bandha* também tem uma variedade de sentidos, alguns dos quais parecem se contradizer. Pode ser traduzida como "limite, restrição ou fecho". Nesse sentido, um *bandha* é descrito como meio de obstruir um fluxo energético. Mas também pode ser traduzida como "uma ligação, uma conexão". Como veremos, esses significados se complementam. O *mula bandha* tanto restringe a atividade na base da coluna quanto facilita o redirecionamento da energia para dentro.

O papel do *mula bandha*

No fim dos anos 1940, um médico da Universidade da Califórnia chamado doutor Arnold Kegel desenvolveu uma série de exercícios cujo objetivo era reduzir o número de cirurgias entre as mulheres que desenvolveram incontinência urinária após dar à luz. Esses exercícios concentravam-se em fortalecer a musculatura do assoalho pélvico. Ao longo da segunda metade do século passado, exercícios como os de Kegel foram adaptados (para homens e mulheres) ao tratamento de outros distúrbios, incluindo os das funções sexuais, prolapso nos órgãos genitais e incontinência fecal. Também foram usados como parte de um programa de saúde preventiva para reduzir os problemas no assoalho pélvico associados ao envelhecimento.

A prática do *mula bandha*, que é semelhante aos exercícios do tipo Kegel, mas bem mais antiga (de 2 mil a 3 mil anos), tem benefícios semelhantes. A lista tradicional inclui melhorias no ciclo menstrual, redução das frequências respiratória e cardíaca e da pressão sanguínea, suavização dos estímulos do sistema nervoso parassimpático, melhorias na digestão e no funcionamento urogenital, da bexiga e sexual.

Svatmarama, autor do abrangente *Hatha Yoga Pradipika* (*Luz no Hatha Yoga*) do século XIV, escreveu: "Não restam dúvidas de que, com a prática do *mula bandha* (...), obtém-se absoluta perfeição". Com certeza ele não quis dizer que as contrações musculares relativamente pequenas do *mula bandha* por si sós produziriam a iluminação. Mas a afirmação faz sentido, pois relaciona o *mula bandha* a um dos principais temas da filosofia iogue: a ideia de que práticas de yoga desse tipo têm como objetivo não só levantar os órgãos pélvicos, mas também elevar o espírito humano. Assim como um par de sapatos novos e confortáveis é capaz de iluminar a postura de uma pessoa dos pés para cima, um fundamento firme na base da coluna tem efeito transformador no corpo e na mente.

Músculos e estruturas da pelve

Com o formato de uma bacia, a pelve consiste em três ossos unidos entre si: o ílio, o ísquio e o púbis. A pelve tem o fundo aberto (a saída pélvica) e nessa abertura há uma área do corpo chamada períneo. Sua base é a pele e a fáscia na raiz do tronco. Seu topo é o diafragma pélvico (normalmente chamado assoalho pélvico), um conjunto de músculos e fáscia que dá apoio aos órgãos pélvicos, tal como uma rede pendurada da frente para trás.

a pelve

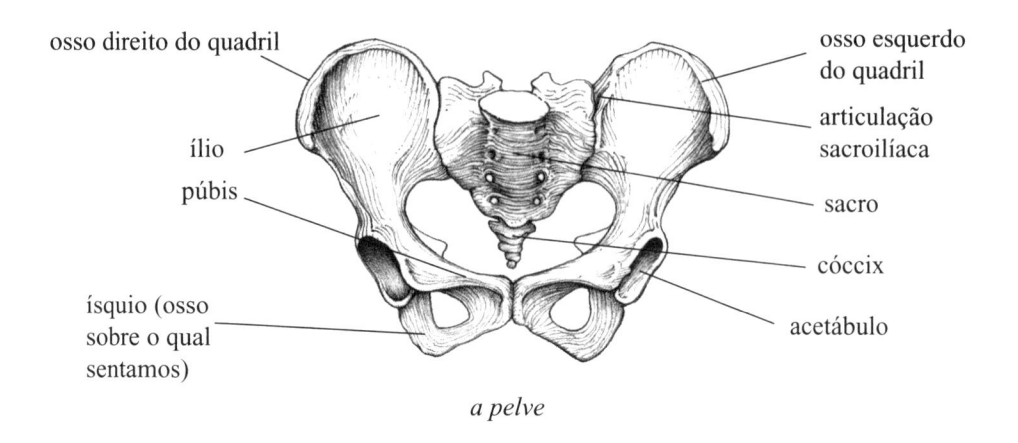

Visto de cima, o períneo tem o formato de um diamante. O cóccix (base da coluna) fica na parte de trás do diamante, enquanto a sínfise púbica (ligamento entre os dois ossos púbicos) fica à sua frente. Os cantos esquerdo e direito do diamante são os dois ossos protuberantes sobre os quais nos sentamos, as tuberosidades isquiáticas.

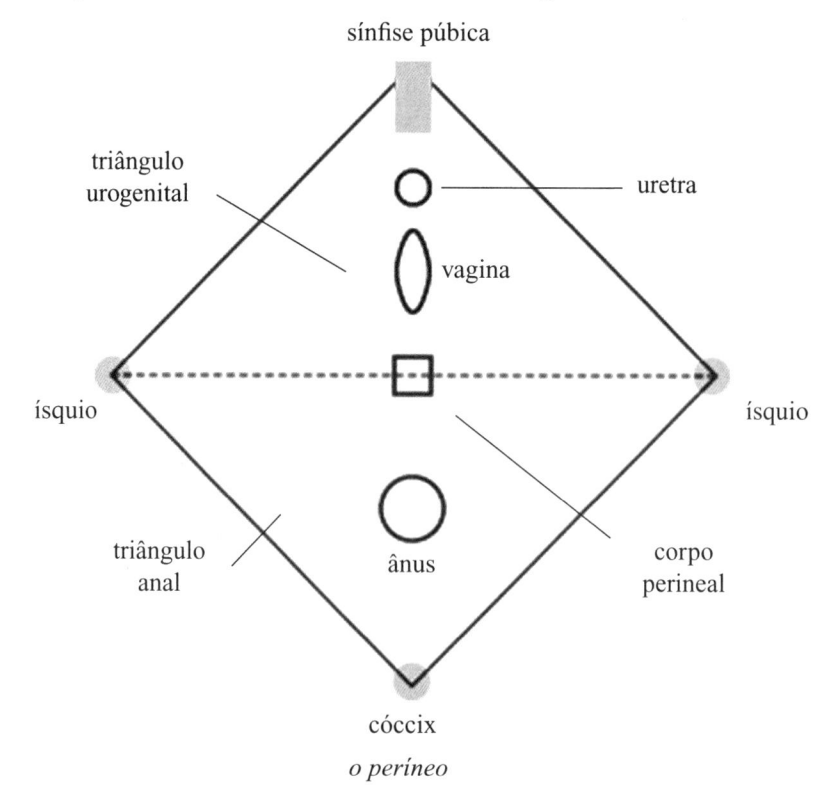

o períneo

As contrações musculares na base do tronco podem se concentrar na frente, no centro ou na parte de trás dessa região, ou seja, nos genitais, no corpo perineal ou no ânus. Há diversas práticas do yoga utilizadas para melhorar o tônus de cada área. O *mula bandha* se associa principalmente ao centro do períneo, embora a prática se inicie com uma contração geral das três áreas.

As diferenças anatômicas entre homens e mulheres resultam em descrições um tanto quanto diferentes da prática. Nos homens, o foco da contração é o corpo perineal, localizado na área entre o ânus e os genitais. Para as mulheres, diz-se que a contração do *mula bandha* costuma ser sentida na área que cerca a base do colo do útero.

Prática

Para ter a sensação de contração dos músculos perineais e do assoalho pélvico, tente o seguinte experimento. Sente-se de modo ereto e feche os olhos. Inspire e então feche bem a garganta e tente forçar o ar para fora dos pulmões sem de fato deixar que nenhum ar escape. Enquanto continuar, sentirá os músculos pélvicos contraírem-se e levantarem-se contra a pressão no peito. É essa a sensação das contrações musculares no períneo e no assoalho pélvico.

Para começar o primeiro estágio de prática, sente-se ereto em uma postura de pernas cruzadas. Feche os olhos, acalme o corpo, relaxe a respiração, sentindo o profundo movimento da inspiração e expiração nas laterais e na parte superior do abdome. Mantenha a respiração constante e suave, sem pausas.

Agora coordene as contrações musculares com a respiração. Com uma expiração relaxada (suave e fácil), contraia lentamente os músculos da pelve (frontais, intermediários e traseiros), puxando-os para dentro e para cima. Quando completar uma respiração, inspire novamente e, devagar, solte as contrações. Cronometre cada contração de modo que ela coincida com a respiração. Concentre-se nos músculos da pelve e cuidado para não contrair os músculos dos glúteos, das coxas, do abdome inferior ou os músculos respiratórios. Logo as contrações se tornarão suaves e consistentes.

Uma prática alternativa é contrair na inspiração e soltar na expiração. Observe as diferenças de sensação entre os dois exercícios. Repita qualquer um deles 20 vezes sempre que estiver na postura sentada (uma ou duas vezes por dia) e continue por uma semana ou mais.

No segundo estágio de prática, sustente uma única contração dos músculos pélvicos ao longo de uma série de respirações. Expire, contraia os músculos pélvicos e mantenha a contração. Continue a respirar, concentrando a atenção em cada uma das três grandes áreas, uma por vez: o ânus, o corpo perineal ou colo do útero e a área urogenital. Comprima cada área um pouco mais enquanto se concentra nela e diferencie cada região do períneo das outras. Pratique de três a seis vezes a cada sessão de postura sentada e continue por uma semana ou mais.

Por fim, faça duas vezes os dois primeiros estágios de prática, dessa vez concentrando sua atenção somente no centro do períneo. Segure a contração ali com um envolvimento mínimo das áreas anal e urogenital. Essa é uma versão mais refinada do *mula bandha* e você demorará um pouco para desempenhá-la. Não há por que se adiantar, é melhor prolongar a prática do que apressá-la. Assim que puder manter uma contração suave por algum tempo (de três a cinco minutos) sem afetar a respiração, você será capaz de empregá-la durante os exercícios de *pranayama* e meditação.

Capítulo 2

Respiração pelo Diafragma

Conforme a respiração vai e vem, sua influência sobre a vida interior também está em constante mudança. A respiração profunda e relaxada traz sensações de saúde e bem-estar; já a agitada, causa desconforto emocional, assim como físico. Esse processo também nos afeta de outras formas que sequer imaginamos.

A história da respiração relaxada e de seu papel na meditação é contada nos primeiros dois capítulos desta seção. "Elementos da Boa Respiração" desvenda os detalhes essenciais sobre o processo respiratório, importantes para compreender a importância de respirar. "Respirando com Confiança" examina a forma como a respiração relaxada apoia o processo meditativo e explora as diferenças entre respirar em posturas reclinadas e respirar enquanto se está sentado com o corpo ereto.

A forma e a função do principal músculo da respiração, o diafragma respiratório, são muitas vezes mal compreendidas. Um jeito agradável de aprender mais sobre o diafragma é desenhá-lo. "Desenhando o Diafragma" o orientará nesse passo a passo. Assim que tiver começado a desenhar o diafragma, o papel deste na respiração será bem mais fácil de compreender.

O capítulo final desta seção, "Seis Métodos para Treinar a Respiração", ajudará você a pôr os conceitos em prática. A respiração pelo diafragma se desenvolverá aos poucos, como um processo para repor hábitos menos produtivos de respiração e dar a você confiança em seu próprio estilo de respirar.

Elementos da Respiração

*Eu a reverencio, ó Respiração,
pois o Universo inteiro a reverencia.*
– Atharva Veda

Para compreender a ciência iogue da respiração, é necessário entender outro fato extraordinário: os pulmões não são capazes de respirar. São, por si sós, imóveis. Estão ligados ao ar em torno do corpo por uma série de dutos descendentes, mas os pulmões não conseguem movimentar o ar através dessas passagens. Eles são os convidados de um banquete servido por assistentes: os músculos respiratórios.

Para dizer de modo ainda mais estranho (mas exato), nós "respiramos os pulmões". Ao contrário de outros processos internos, como o bombeamento de sangue e a movimentação do alimento pelo corpo, a respiração resulta de contrações do músculo esquelético, que podem ser trazidas à percepção consciente. Como o ato de respirar fica quase sempre aquém de seu potencial, é importante reconhecer os sinais de uma respiração saudável e aprender a melhorar sua qualidade. A forma como a realizamos, a escolha dos músculos que usamos para movimentar os pulmões, bem como nossa aptidão para usá-los com eficiência, faz toda a diferença.

Respirando no dia a dia

É fácil trazer a respiração à atenção consciente. Entretanto, na maioria das vezes ela permanece como pano de fundo para outras atividades: seu fluxo incessante permanece no perímetro da consciência. Algum odor ruim, um engasgo ou uma nuvem de poeira nos forçam a prestar atenção momentânea nela, mas, quando esses problemas são resolvidos, a respiração novamente volta a ser somente cenário. Nós não percebemos que ela está incutida em cada pensamento e movimento nossos.

Embora seja conveniente o fato de não termos de monitorar a respiração constantemente, isso pode gerar consequências indesejáveis. Com uma certa frequência (e quase sempre a partir dos primeiros anos de vida), os hábitos ruins de respiração, o alinhamento deficiente da postura corporal e os desequilíbrios musculares sabotam a eficiência da respiração. Baixos níveis de energia, respiração curta, ansiedade, estresse e déficit de concentração são apenas alguns dos sintomas resultantes.

Essas condições podem ser revertidas e esse é um dos objetivos tanto do *hatha yoga* quanto da meditação iogue. Com o treinamento, a respiração pode tornar-se forte, saudável e relaxada. Como resultado, você terá níveis mais elevados de bem-estar.

Controle da respiração

O ritmo normal da respiração é lento. O coração bate, em média, 70 vezes por minuto, enquanto respiramos apenas 16 vezes. Mesmo assim, essas 16 respirações significam que os pulmões se expandem e se contraem mais de 20 mil vezes por dia, consumindo cerca de 16 quilos de ar, ou seja, seis vezes o peso de nosso consumo diário de comida e líquidos.

O ritmo respiratório varia ao longo do dia. Após exercícios vigorosos, pode aumentar para acima de 30 respirações por minuto, enquanto na meditação pode reduzir-se a oito, ou menos. Com essa flutuação, sua pulsação rítmica mantém a integridade do corpo e da mente.

Os processos internos como respiração, circulação e digestão funcionam normalmente de modo inconsciente. São todos autorregulados, pois operam sob influência do sistema nervoso autônomo. Como vimos, entretanto, a respiração é única por ser conduzida pelos músculos esqueléticos, que, por sua vez, podem ser trazidos à percepção consciente. Por exemplo, se quiser expirar rapidamente, inspire mais fundo ou segure a respiração quanto puder e quiser.

Além disso, como a respiração é a única função autônoma que pode ser acessada dessa forma, ela tem papel essencial nas técnicas autorregulatórias do yoga, pois é por meio do fio aparentemente frágil (mas verdadeiramente forte) da respiração que se ganha acesso às dimensões internas da psique, onde equilíbrio, paz e estabilidade podem derrotar a tensão e o estresse.

Estresse e sistema nervoso autônomo

O estresse resulta em um sistema nervoso desequilibrado e sobrecarregado. Durante épocas estressantes, nossos pensamentos refletem o medo e a incerteza que encontramos na vida cotidiana e, de uma forma ou de outra, concluem: *Não vou conseguir dar conta disso*. A mente e o sistema nervoso reagem com excitação ampliada, seguida de fadiga e por fim doença, conforme o estresse instalado parece não passar. Então, se as tentativas de resolver a tensão falharem, a suave integração do sistema nervoso começará a se desmanchar. Sinais corporais como a fome passam a não ser reconhecidos, e a isso se seguem refeições esporádicas ou compulsivas; o movimento fica desajeitado; há mudanças na temperatura do corpo; nossa atenção vacila. Por essa e muitas outras mudanças, costumamos responsabilizar nossos "nervos".

A respiração é um barômetro para o sistema nervoso; conforme os nervos se desequilibram, a respiração também muda, tornando-se superficial, sobressaltada e marcada por suspiros e pausas evidentes. Isso, por sua vez, é registrado pela mente, estabelecendo-se um ciclo interno de *feedback*. As mudanças na respiração criam tensão interna, que provoca uma respiração deficiente, que favorece o estresse, e assim por diante... Dessa forma, o estresse adquire vida própria, começa a existir independentemente do estímulo causador de estresse que originalmente desencadeou a reação.

A respiração pelo diafragma relaxada (respiração iogue) é um auxílio poderoso para restaurar a coordenação e a harmonia do sistema nervoso. As tensões internas se suavizam conforme a respiração retorna a seu ritmo sutil e a perda de controle que costuma vir junto com o estresse diminui. O mais importante de tudo é que cada respiração relaxada acalma a mente e nos permite recobrar nossa força e a vontade de seguir em frente.

Respiração e emoções

A condição do sistema nervoso, o estado da vida emocional e a qualidade da respiração estão todos relacionados. Os acontecimentos do ambiente externo, bem como da mente, são registrados na respiração. Por exemplo, se um carro andando na frente do seu para de repente, é possível que você fique ofegante enquanto afunda o pé no breque. Durante uma intensa semana de trabalho, apenas o pensamento no fim de semana provoca um suspiro de alívio. Inspiramos de repente quando somos surpreendidos, suspiramos quando estamos tristes (ou apaixonados) e rimos começando e parando nitidamente a expiração. Quando uma emoção for dolorosa, podemos bloquear nossos sentimentos restringindo a respiração; quando uma emoção for agradável, respiramos com calma e facilidade. Todas essas mudanças no padrão respiratório ampliam temporariamente nossas reações.

Quando a respiração agitada é prolongada, ela gera uma perspectiva instável e defensiva da vida. Já a respiração relaxada acalma o sistema nervoso. Quando ela fica profunda e suave, as reações aos acontecimentos da vida não provocam perturbações acentuadas em nossa vida emocional. É por isso que a respiração relaxada é usada com bons resultados no tratamento de doenças cardiovasculares, síndrome do pânico/ansiedade, enxaquecas, hipertensão e asma. Outro ponto ainda mais importante a ressaltar, do ponto de vista da saúde mental, é que a relação entre respirar e sentir é uma via de duas mãos: a respiração relaxada é capaz de acalmar até mesmo as emoções mais turbulentas durante períodos de adversidade; além disso, ela ajuda a manter uma satisfação alegre quando a vida vai bem.

Respirando no yoga

Os iogues aprenderam a trabalhar com a respiração de diversas formas. Aquelas posturas extenuantes ou as que exigem que o corpo fique em posições estranhas mostram claramente o efeito calmante da respiração relaxada. Quando nos deparamos com posturas tão desafiadoras, adaptar-nos-emos a elas se a respiração estiver relaxada ou lutaremos contra elas alterando a respiração. Em outras palavras, a respiração calma permeia toda a prática dos *asanas* e desempenha um papel de grande importância em sua eficácia.

Nos exercícios respiratórios do yoga, ou nas práticas do *pranayama*, a respiração é usada para purificar, acalmar e fortalecer o sistema nervoso, aumentando assim a vitalidade. E mais: os adeptos do yoga demonstraram ao longo do tempo habilidades que vão muito além da capacidade de controlar a respiração, e mesmo assim não se consideram super-humanos. Eles simplesmente dizem que o potencial total para o controle respiratório é bem mais vasto do que se vivencia normalmente e é impossível compreendê-lo sem uma prática paciente.

A respiração é também um ponto focal essencial nos exercícios de relaxamento, bem como na meditação. Entretanto, como o relaxamento é praticado normalmente com a pessoa deitada (de bruços ou de barriga para cima), enquanto a meditação se faz sentado, o padrão respiratório difere para cada postura. Então precisamos compreender bem os princípios da respiração relaxada para podermos dominar essas práticas essenciais.

A respiração também é capaz de fortalecer os poderes mentais de concentração. A princípio, as técnicas de relaxamento e meditação usam a respiração como meio de centrar a atenção. Depois, a respiração já se tornou fácil, relaxada e suave, a mente está livre de todas as distrações e pode então se voltar para dentro em direção a níveis mais profundos de percepção.

Respiração relaxada

O diafragma, principal músculo da respiração, fica logo abaixo dos pulmões. Ele repousa, em forma de domo, sobre os órgãos abdominais, ligado à base do [osso] esterno, às costelas inferiores e à coluna. Seu domo é o assoalho da câmara contendo os pulmões e o coração e o teto da cavidade abdominal. Quando as fibras musculares localizadas em torno do diafragma se contraem, o domo do músculo vai para baixo, expandindo os pulmões.

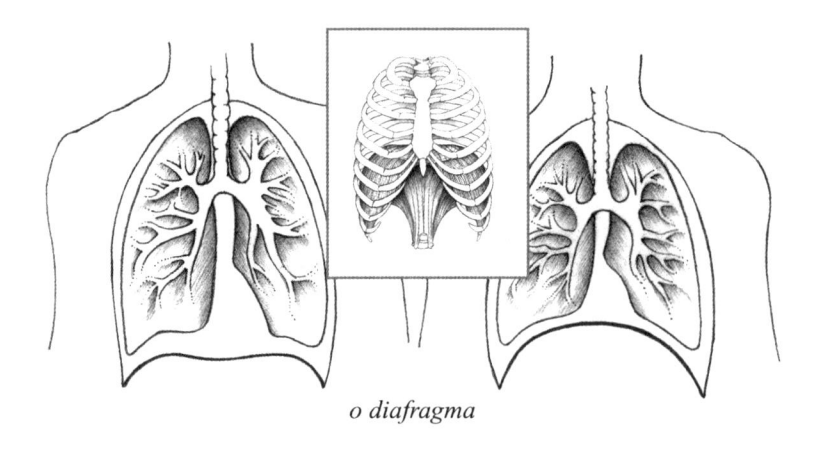

o diafragma

A maioria das pessoas costuma achar que os sinais mais visíveis da respiração aparecerão na metade superior da caixa torácica, pois, afinal, é lá que ficam os pulmões. Mas a natureza concebeu as coisas de outro modo. Quando a respiração for relaxada, isso se mostra com mais visibilidade na parte de baixo do abdome e da caixa torácica. Como você logo vai perceber, a ação do diafragma explica esse fato.

Além de expandir os pulmões, a contração do diafragma coloca pressão, vinda de cima, nos órgãos abdominais. Para acomodar essa pressão e criar espaço para a expansão dos pulmões, a parte inferior do torso precisa mudar de forma. Justamente esse processo de uma nova moldagem – obtida com ajuda da espantosa flexibilidade do corpo – é o sinal mais visível da respiração.

Consegue-se uma versão simples da respiração pelo diafragma em *shavasana* (postura do cadáver). Nela, a região do umbigo eleva-se a cada inspiração e cai a cada expiração. Para experimentar isso, tente fazer o seguinte exercício:

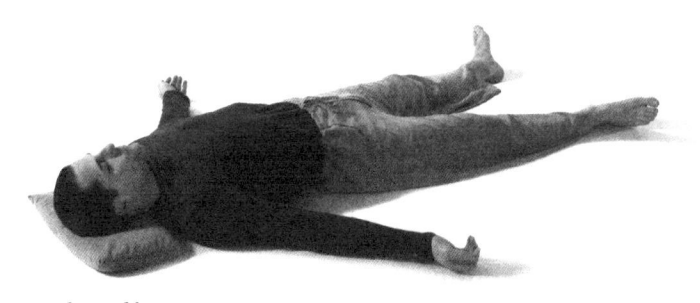

a postura do cadáver

- Deite-se de barriga para cima em uma superfície plana e acarpetada. Apoie a cabeça e o pescoço em uma almofada fina.
- Traga sua percepção até a respiração e sinta o fluxo contínuo de inspirações e expirações.
- Relaxe o abdome e deixe que suba conforme você inspira e desça conforme você expira. Não precisa fazer uma pausa entre as respirações, apenas deixe cada respiração fluir naturalmente em direção à seguinte. Logo, a sensação do movimento abdominal parecerá relaxada e relativamente sem esforço.
- Relaxe a caixa torácica e esta ficará quase que completamente imóvel (é claro que, se você respirar mais profundamente, poderá fazer com que a caixa torácica se mova, mas isso exigiria que fizesse esforço e não é esse o ponto do exercício).
- Em seguida, explore mais ainda os movimentos respiratórios levantando os braços acima da cabeça, ainda encostados no chão. Isso acentuará a subida e descida do abdome.
- Por fim, volte os braços nas laterais e observe sua respiração por vários minutos, deixando o corpo relaxar.

Sentando-se para respirar

Quando você se senta de forma ereta, a sensação dos movimentos respiratórios não será a mesma de quando fica deitado de barriga para cima. A respiração continua pelo diafragma, mas o eixo vertical do corpo muda o efeito da ação do diafragma na parte inferior do torso. Você pode sentir isso facilmente da seguinte forma:

postura sentada fácil

- Sente-se com as costas retas em qualquer postura (vale até se sentar em uma cadeira com assento plano).
- Deixe as mãos nas coxas. Feche os olhos e volte sua atenção para o fluxo de inspirações e expirações.
- Relaxe o abdome e os lados da caixa torácica. Deixe os músculos das costas apoiarem sua postura com um mínimo de esforço muscular.
- Agora perceba como, se você deixar, sua respiração resulta em uma silenciosa expansão das laterais da caixa torácica. A parte frontal do abdome também expande, mas o movimento é bem menor do que em *shavasana*. É possível que se surpreenda com a diferença.
- Continue a observar a respiração até o ritmo e a profundidade desta provocarem uma sensação completamente confortável e relaxada (sua respiração ficará um pouco mais rápida e parecerá atingir partes mais elevadas do torso, em comparação com a postura deitada). Conforme você observa cada inspiração e expiração, deixe que a mente relaxe.

Como veremos mais claramente no próximo capítulo, a caixa torácica torna-se ativa quando se respira em posturas sentadas, e isso pode ser sentido nas laterais das costelas inferiores. Apesar disso, é possível respirar com o mesmo esforço relaxado de antes.

O que vem a seguir?

O objetivo da meditação não é adquirir habilidades acrobáticas de manipulação de respiração. Mesmo assim, os efeitos da boa respiração devem realmente ser ressaltados e examinados, e foi exatamente disso que este capítulo tratou. Ao identificar os elementos da boa respiração e permitir que a respiração flua sem tensão, é possível aprender a respirar sem esforço. Quando se consegue isso, abrem-se as portas para a meditação e para uma saúde muito melhor.

Respirando com Confiança

*O prana é o veículo da mente; para onde
o prana conduz, a mente vai.*
– Yoga Vasishtha

São poucas as pessoas que observam com alguma regularidade a própria respiração e, por isso, a consciência respiratória é limitada. Se você se perguntasse: "Será que respiro pelo diafragma?", provavelmente não conseguiria responder à questão com segurança. Essa situação pode ser mudada. Você pode respirar com mais confiança e, no processo, usar a respiração como apoio para a meditação.

Este capítulo examinará mais de perto a anatomia da respiração para você afiar suas habilidades. Então, poderá aplicar o conhecimento a fim de aperfeiçoar a percepção e a qualidade da respiração. Para começar, examinemos a característica respiratória mais óbvia de todos: o nariz.

Respirando pelo nariz

Embora seja possível respirar tanto pelo nariz quanto pela boca, a respiração nasal costuma ser a melhor opção. O nariz foi feito para respirar. Filtrado, aquecido, purificado, umedecido e testado contra cheiros desagradáveis, o ar que vem para dentro pelo nariz é drasticamente transformado em sua breve permanência.

O nariz, os seios nasais e a nasofaringe estão alinhados com um tecido extremamente sensível que contém dois tipos de células especiais: as caliciformes e as ciliadas. As caliciformes secretam muco, enquanto as ciliadas contêm filamentos minúsculos semelhantes a pelos que se agitam ritmadamente para movimentar o muco desde o nariz até a garganta, onde pode ser engolido (ou cuspido).

o nariz e a garganta

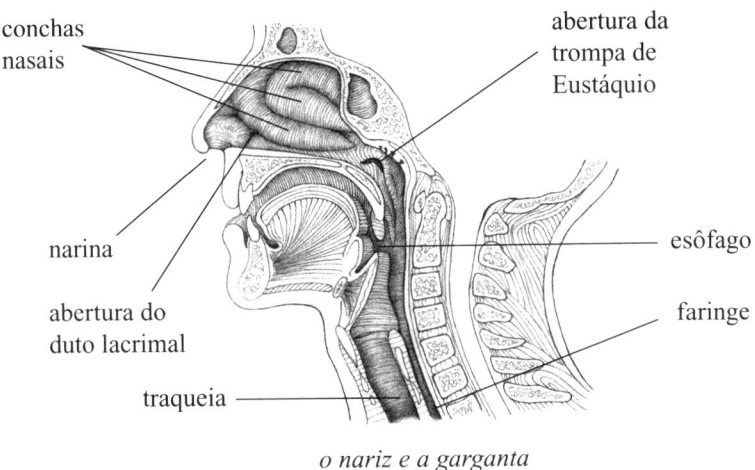

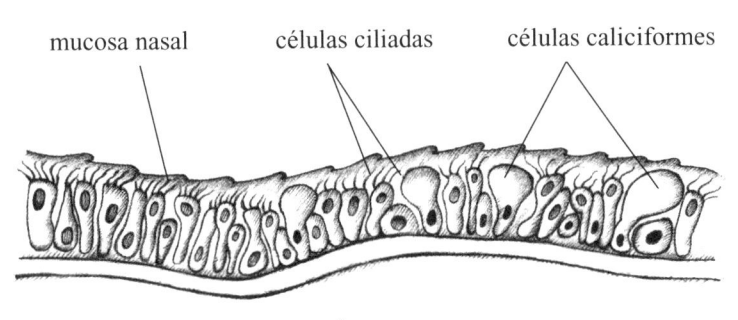

a membrana mucosa

Do ponto de vista iogue, o muco pode ser tanto uma secreção saudável quanto uma excreção desagradável. A mucosa nasal saudável prende as partículas aéreas que entram no nariz, incluindo os micróbios que causam doenças. Ela também lubrifica o nariz e umedece o ar, caso contrário o ar ressecaria demais as vias nasais.

Há três estruturas parecidas com estantes de osso e tecidos (conchas), que se estendem para dentro do espaço nasal. O ar passa por elas em um redemoinho, aumentando seu contato com a mucosa e acentuando os sentidos do olfato e do paladar. Além disso, as conchas alternadamente incham e reduzem de tamanho, o que altera o equilíbrio do ar que flui pelas narinas.

Respirar pelo nariz também desacelera e aprofunda a respiração, a qual, como consequência, preenche com mais eficácia os pulmões desde o fundo até o topo. A troca de gases nos pulmões melhora e a respiração fica mais satisfatória.

A respiração pela boca ignora todas essas funções importantes do nariz e deve, portanto, ser feita somente em momentos de esforço extremo, em que a necessidade física de oxigênio exija uma rápida troca de ar. Caso contrário, inspirar e expirar pelo nariz é de longe a melhor escolha.

A caixa torácica

Quando a respiração nasal se estabelece, pode-se trazer novamente a atenção para a ação do diafragma. Como já vimos, o diafragma é o principal músculo da respiração e, quando está funcionando normalmente, responde por 75% do volume de cada inalação. (O restante é produzido por músculos no pescoço e no peito.) Infelizmente, abundam os maus hábitos respiratórios e quase sempre o funcionamento do diafragma é restringido, ou parcialmente suplantado, por outros músculos.

Há várias técnicas para restaurar o funcionamento pleno do diafragma. Um breve exame da estrutura da caixa torácica é uma boa forma de começar. Depois, as imagens anatômicas poderão ser traduzidas na forma de experiência pessoal.

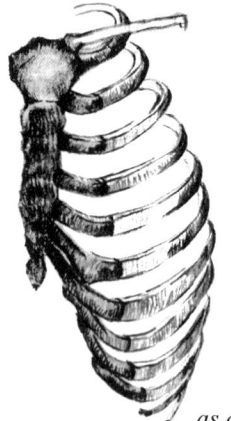

as costelas e o ângulo esternal

A caixa torácica tem 12 pares de costelas, cada uma unida à parte posterior da coluna vertebral. Na frente, os sete pares superiores são ligados diretamente ao osso peitoral. Os três pares seguintes ligam-se à cartilagem da sétima costela. Os dois pares de costelas inferiores flutuam livres. As extremidades delas está enterrada nos músculos da parede abdominal e podem ser sentidas em suas laterais, logo acima dos quadris.

Ainda que a caixa torácica possa ser movimentada por vários conjuntos de músculos, sua estrutura óssea lhe dá uma certa rigidez. Como vimos, ao nos deitarmos de barriga para cima na postura do cadáver, a caixa torácica não se move e o abdome levanta e abaixa com pouquíssimo envolvimento dos músculos dela. Quando ficamos em postura ereta (sentados ou de pé), as costelas ficam ativas, possibilitando dois movimentos primários da caixa torácica.

Durante a respiração rotineira e moderada na posição ereta, a parte frontal da caixa torácica fica relativamente imóvel e o movimento é observado principalmente nas laterais. Cada costela se mexe para fora e levemente para cima, girando sobre o eixo de suas ligações com a parte da frente e a parte de trás. Essa ação das costelas chegou a ser denominada "alça de balde". As costelas expandem-se para os lados mais do que se erguem para a frente.

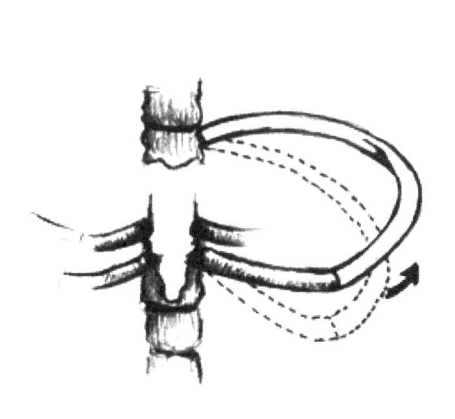

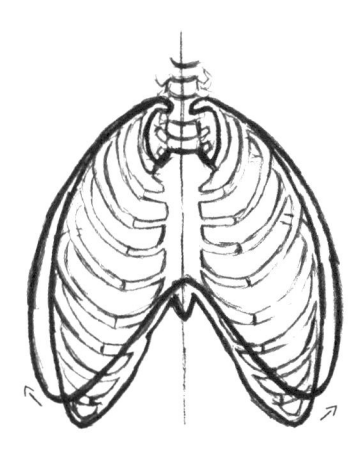

movimento alça de balde   *expansão da caixa torácica*

Quando se requer uma respiração bastante profunda, o esterno pode ser empurrado para a frente e elevado pelos músculos intercostais no peito (localizados entre as costelas) e por músculos auxiliares no pescoço e nos ombros. Isso gera um movimento mais ou menos semelhante a uma antiga alça de bomba de combustível (embora a amplitude de movimento seja, obviamente, bem menor). As juntas próximas ao topo do esterno possibilitam isso.

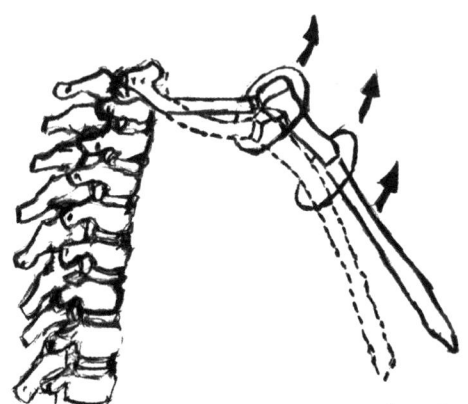

movimento de alça de combustível

Para sentir esse movimento, abra a boca e suspire profundamente algumas vezes. Você perceberá a parte superior do peito subindo e descendo. Isso é útil sempre que houver necessidade de inspirações rápidas e profundas, após exercícios intensos, por exemplo. Mas a respiração torácica (também denominada respiração peitoral) e a respiração clavicular (usando os músculos do pescoço e dos ombros) são a resposta do corpo às emergências: elas têm a função de fornecer explosões súbitas de energia, mas não foram feitas para uso corriqueiro, no dia a dia. Quando um desses estilos de respiração vira hábito, a tensão emocional aumenta, levando a sensações de ansiedade, bem como ao estresse desnecessário.

Os alunos de yoga às vezes associam qualquer movimento da caixa torácica a uma respiração "tensa" e restringem artificialmente todos os movimentos dessa parte do corpo. Isso não ajuda. A ideia básica a se ter em mente é que, sentado ou em pé, a respiração cotidiana expande naturalmente a caixa torácica para os lados. Você pode sentir isso colocando as mãos nas laterais das costelas, como ilustrado a seguir. Observe que as mãos estão viradas de modo que a base do dedo polegar e a do indicador tocam os lados da caixa torácica, logo abaixo da base do osso esterno. Depois de posicionar corretamente suas mãos, respire normalmente: você sentirá a caixa se expandir para os lados.

expansão das costelas
posição das mãos

Respiração do crocodilo

A respiração pelo diafragma relaxada nem sempre é fácil de realizar, como pode parecer. Se você está acostumado a usar os músculos peitorais para respirar, por exemplo, ou se achar esquisito expandir o abdome ou a caixa torácica quando você inspira ou se você fica ansioso ao prestar atenção na respiração e por isso perde o foco interno, então preferirá a prática da respiração na postura do crocodilo. Na verdade, todos nós temos a ganhar com a prática dessa postura. É a postura-chave para estimular a respiração pelo diafragma.

Há várias versões do crocodilo, todas benéficas, e cada uma serve para acomodar diferentes tipos de corpo e níveis de flexibilidade. Você pode voltar os pés para dentro, com as pernas relaxadas e relativamente próximas uma da outra, ou pode afastá-los, separando as pernas até que a parte interna das coxas repouse suavemente no chão. Repouse a testa nos antebraços dobrados, tirando um pouco a parte superior do peito do chão. Se a posição dos ombros e braços não estiver confortável, você pode apoiar a parte de cima do corpo em almofadas ou em um cobertor dobrado (repouse o queixo em cima do apoio). Você também pode abrir os cotovelos e, parcialmente, os antebraços, permitindo que as mãos se separem. Em todos os casos, o abdome repousa no chão.

postura do crocodilo

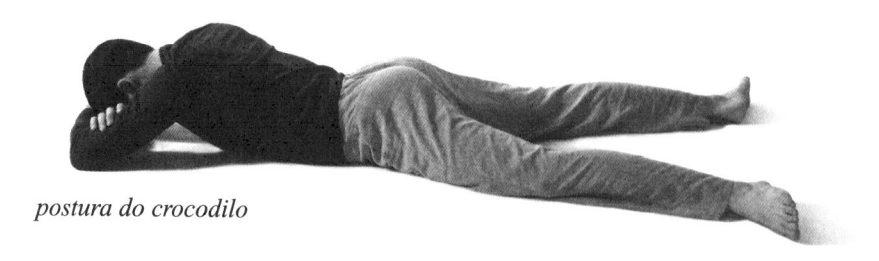

Conforme você fica na postura, relaxe a respiração e comece a observar os movimentos do corpo. Há três principais pontos de observação: o abdome, as laterais da caixa torácica e a lombar. Pratique o seguinte exercício para trazer cada um deles à consciência:

- Primeiro, sinta o movimento incessante da respiração conforme ela flui para dentro e para fora. A respiração encontrará seu próprio ritmo e, mesmo se você achar que está muito rápida ou lenta, não é necessário controlá-la. Simplesmente deixe seu corpo respirar.
- Agora traga a consciência ao abdome e sinta como ele encosta no chão, conforme você inspira, e como ele se retrai (embora permaneça em contato com o chão), conforme você expira. Relaxe os músculos da barriga e deixe que esses movimentos do abdome se tornem profundos e tranquilizadores.
- Agora leve sua atenção às laterais da caixa torácica. Você verá que a parte inferior das costelas se expande devagar com a inspiração e se contrai com a expiração. É esse movimento que há pouco mencionamos: a ação "alça de balde" da caixa torácica. Ela se expande, conforme o diafragma se contrai, e as costelas voltam para dentro, à medida que o diafragma relaxa.
- Por fim, volte sua atenção para a lombar. Observe que, conforme você inspira, as costas se levantam e, ao expirar, elas descem. Relaxe os músculos dorsais e permita que a respiração flua sem resistência. Essa é uma sensação particularmente relaxante e provavelmente você perceberá que ela contribui para aliviar tensões na lombar que de outro modo seriam difíceis de liberar.

- Para aprofundar mais a respiração, você pode ainda tentar o seguinte movimento. Ao final da expiração, expire um pouco mais do que o usual continuando a contrair o abdome em direção à coluna. Então, conforme inspira devagar, relaxe os músculos da lombar e do abdome e permita que as costas se ergam e se expandam. Você provavelmente sentirá como se a lombar estivesse sendo alongada com a inspiração profunda. Repita a expiração extra e a inspiração expandida de três a cinco respirações, até se acostumar à sensação da inspiração profunda. Então volte à expiração normal, mas continue a permitir que a lombar se expanda conforme você inspira. Você sentirá que a respiração está mais lenta e profunda.
- Fique descansando na postura do crocodilo por um total de sete a dez minutos. Sinta a respiração permeando toda a periferia do tronco: a frente, os lados, a parte de trás. Quando estiver se sentindo renovado, saia devagar da postura, criando uma transição suave de volta à respiração normal.

Observando a expiração

Durante a prática dos exercícios de respiração, é provável que você dê mais atenção às sensações associadas à inspiração do que às associadas à expiração. Isso é bem natural, mas nos leva a perguntar, assim que os músculos da inspiração completaram seu trabalho: o que faz com que o ar flua para dentro dos pulmões? A resposta requer uma observação cuidadosa de si mesmo.

Sente-se ereto mais uma vez e volte à sensação de respiração relaxada. Você perceberá que a expiração segue naturalmente o final da inspiração e é relativamente passiva. Não há músculos nos pulmões para fazer o ar sair, mas mesmo assim eles parecem contrair-se espontaneamente. Por quê?

A solução desse enigma está na elasticidade natural dos pulmões. Depois de inflados, querem retornar ao formato original. Eles fazem isso por conta própria, com muito pouco esforço muscular adicional. É exatamente por essa razão que, quando você se afunda em uma poltrona confortável ao fim de um dia cansativo de trabalho, libera as tensões que acumulou nos músculos e *expira*.

Expirações enérgicas

Antes de deixarmos o assunto da expiração, devemos observar a diferença entre as expirações passivas e as enérgicas. Se você estiver inflando um balão, tossindo ou tocando flauta, a soltura do ar fica muito mais ativa. Essas expirações resultam de contrações forçadas dos músculos abdominais. Quando eles se contraem, encostam nos órgãos abdominais. Estes, por sua vez, são comprimidos contra o diafragma, encostando na base dos pulmões. À medida que essa reação em cadeia continua, os pulmões são contraídos e o ar é expelido com força.

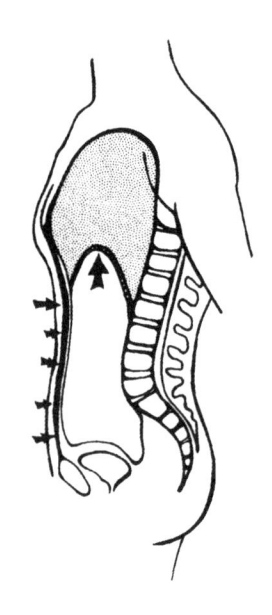

A contração dos músculos abdominais força o ar para fora dos pulmões.

Esses mesmos músculos também dirigem o ar quando você está falando. Por exemplo: se você lesse essa frase em voz alta, pausaria nas vírgulas, interrompendo o fluxo do ar para fora. Pode-se obter o controle da respiração na fala usando os músculos abdominais. Esse é um dos motivos pelos quais uma fala prolongada pode causar fadiga.

Até mesmo as expirações normais são afetadas pelo tônus muscular abdominal. O tônus muscular no abdome produz um fluxo de ar suave e confortável. Quando o abdome for muito rígido ou flácido demais, a respiração perde sua qualidade relaxada.

Respiração "com a barriga" nas posturas sentadas

Às vezes os desenhos mostram o abdome muito expandido e contraído nas posturas sentadas. Isso pode de fato ocorrer em uma postura ereta, com esforço consciente. Você pode empurrar seu abdome para fora ao inspirar e contraí-lo com consciência ao expirar. Mas sentirá desconforto fazendo isso, que pode levar a uma leve sensação de falta de ar se continuar. Na meditação, o esforço para respirar assim acaba se tornando uma distração e você usará sua energia de modo pouco eficiente. Como vimos, ao permitir que os lados se expandam e contraiam, com um movimento mais suave no abdome, a respiração não exigirá praticamente nenhum esforço.

Uma última palavra sobre a respiração pelo diafragma

A expressão *respiração pelo diafragma* refere-se ao fato de que, na respiração normal e relaxada, as contrações do diafragma expandem os pulmões, abaixando moderadamente a pressão aérea dentro deles de modo que acabam ficando repletos de ar. A ação do diafragma nos pulmões é relativamente constante, não importa qual seja a postura do corpo. Mas o efeito da respiração pelo diafragma no abdome, que fica logo abaixo do diafragma, varia. Em cada uma das posturas de relaxamento, a aparência e a sensação da respiração pelo diafragma diferem.

Na postura do crocodilo, todo o torso se expande e contrai. Por esse motivo, a respiração pelo diafragma nessa postura às vezes é denominada "respiração circular", pois faz com que o corpo se expanda para os lados, para a frente e para trás.

Na postura do cadáver, é diferente: somente o abdome se mexe de forma aparente, subindo e descendo com cada respiração. A caixa torácica fica praticamente imóvel.

Nas posturas sentadas, os efeitos da respiração pelo diafragma mudam de novo. As sensações mais evidentes acontecem nas laterais da caixa torácica e são acompanhadas de uma expansão moderada do abdome. Como os músculos dorsais precisam ser usados para manter a coluna ereta, há somente uma sutil sensação de respiração ali.

Reconhecer as sensações da respiração pelo diafragma em cada uma dessas posturas ajuda a criar uma respiração profunda e suave. Mas a variedade extraordinária de jeitos de sentar, deitar e ficar de pé significa que as sensações de respiração estão o tempo todo trocando de lugar e mudando de intensidade, adaptando-se às necessidades do momento.

Na meditação, esse processo de adaptação se estabiliza. Os padrões de respiração encontram um ritmo natural e o movimento repetitivo dos pulmões acalma o sistema nervoso e a mente.

Um exercício de meditação

Esse é um exercício simples de meditação que o ajudará a usar bem as aptidões respiratórias que aprendeu.

- Sente-se na postura meditativa de sua preferência. Conduza sua atenção ao corpo, permitindo que ele relaxe e fique imóvel. Então traga sua percepção para o fluxo da respiração.
- Perceba as sensações de inspiração e expiração com cada respiração. Escolher o estilo de respirar mais adequado a você é uma questão pessoal. Ao ficar com o fluxo da respiração e explorar o equilíbrio das laterais, da frente e da parte de trás do corpo, você aos poucos chegará a uma respiração que flua de forma confortável.
- Continue a observar sua respiração, colocando-a como foco de sua meditação. Conforme o tempo passa, sinta a limpeza e a nutrição que ocorrem cada vez que inspira e expira.
- No fim de cada inspiração e expiração, relaxe e deixe que a nova respiração comece por si mesma. Entrelace as respirações em um fio ininterrupto.
- Enquanto acompanha as respirações, faça ajustes sutis à sua postura e ao modo de respirar, de forma que esse processo de respiração exija cada vez menos esforço.
- Então, como alguém olhando para as águas de um regato próximo, apenas observe a respiração enquanto ela suavemente entra e sai. Outros pensamentos surgirão e desaparecerão, mas eles não são o foco de sua atenção. Deixe que ela repouse no fluxo da respiração e relaxe seu esforço mental.
- Observe a respiração por quanto tempo quiser. Quando estiver se sentindo completamente renovado, alongue os membros e saia da meditação.

Desenhando o Diafragma

*É claro que a anatomia não muda; o que muda
é a compreensão que temos dela e de seu significado clínico.*
– Frank Netter, médico

Quando eu era pequeno, estava cercado de crianças que desenhavam bem. Meus amigos enchiam margens de caderno com rabiscos espertos. Eu também me arriscava, mas a maioria de minhas figuras prenunciava uma carreira precoce na música, não nas artes plásticas. Entretanto, isso não refreou minha apreciação por bons desenhos.

De tempo em tempos, esse interesse me levava ao ramo especializado da ilustração conhecido como desenho anatômico. O desafio para esse tipo de ilustrador é criar imagens do corpo humano que não só sejam bonitas, como também "transmitam" bem as informações sobre a anatomia e a fisiologia do corpo humano. Leonardo da Vinci foi um dos mestres nesse campo, assim como o pintor belga Andreas Vesalius, cuja genialidade e olhar atento revolucionaram o ensino de anatomia.

Neste capítulo, espero inspirá-lo a fazer alguns desenhos anatômicos bem simples. As ilustrações conterão informações sobre um assunto que grande parte dos estudantes de yoga adora: a respiração pelo diafragma. Se você tiver talento artístico, melhor ainda, mas com certeza não é necessário ter habilidades de um Da Vinci para fazer essas imagens. Todo mundo pode dominar a técnica delas. Conforme você se aperfeiçoa, conseguirá uma sólida compreensão do funcionamento do diafragma. Portanto, arrume um lápis e algumas folhas de papel em branco e arregace as mangas.

Primeiras tentativas

Nesse ponto você já deve saber algumas coisas sobre o diafragma. Compreende que ele é o músculo responsável por levar ar para dentro dos pulmões e tem uma ideia de onde ele se localiza. Mas se disponha a fazer um desenho, uma tarefa que exige colocar suas ideias no papel, e você provavelmente responderá de forma, digamos, cautelosa.

Sem ler mais um parágrafo, ponha o livro de lado para testar suas mãos. Desenhe o diafragma como você o imagina em sua mente. O desenho não precisa ser perfeito, mas dará partida em suas habilidades gráficas.

Agora dê uma olhada nos desenhos de diafragma feitos por alunos experientes de yoga (minhas desculpas a quem possa enxergar neles semelhanças com seu próprio trabalho). Esses quatro relutantes desenhistas já tinham sido apresentados a imagens do diafragma, mas nunca antes haviam lhes pedido para que fizessem seu próprio desenho desse músculo.

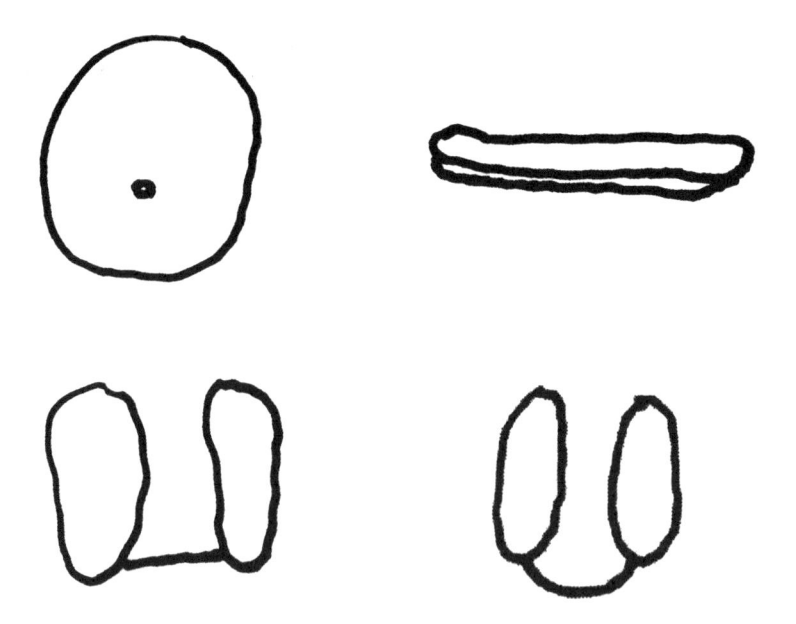

Como você pode perceber pelos esforços deles, desenhar o diafragma pode produzir resultados bastante díspares, mas cada uma dessas ilustrações enfatiza uma característica anatômica ou fisiológica importante. O primeiro foi baseado na observação de que a respiração diafragmática faz a frente do abdome se expandir (o pequeno ponto no meio é o umbigo), o segundo pretende ilustrar o formato do diafragma e mostrar que ele divide o torso em dois, o terceiro posiciona o diafragma embaixo dos pulmões e o quarto o mostra baixando durante a inspiração. Cada ilustração nos diz algo sobre o diafragma, mas também nos deixa buscando uma versão aperfeiçoada.

Uma imagem em duas dimensões

Um dos problemas em desenhar o diafragma é que ele é tridimensional e a maioria de nós está acostumada a ver imagens bidimensionais. Para completar a imagem em três dimensões, temos então de usar nossa imaginação.

Apesar das desvantagens, entretanto, uma imagem bidimensional é um bom ponto de partida. Aqui está uma amostra (pratique desenhá-la algumas vezes):

Essa versão mostra o diafragma como uma linha, uma fatia fina de músculo, sem as partes da frente ou de trás. Ela resulta de se desenhar o diafragma em um plano frontal (um plano que fica em paralelo com a parte da frente do corpo) e retirar tudo, a não ser o mais fino traço de contorno muscular.

Decerto que essa é a visão de um minimalista, mas contém grande quantidade de informações. Para começar, esse desenho nos mostra o formato do diafragma: ele se expande para os lados do corpo e estende-se de um lado a outro, formando um domo no processo. No corpo, o lado direito desse domo é um pouco mais alto do que o esquerdo, para acomodar o fígado logo abaixo; o estômago e o baço ficam à esquerda. A parte de cima do domo, uma superfície chamada tendão central, é feita de tecido fibroso (não muscular). O coração e os pulmões encostam principalmente na superfície desse tendão. As regiões de músculos verticalmente alinhados nas laterais do diafragma estão apostas (posicionadas lado a lado) à caixa torácica e exercem papel importante na mecânica da respiração.

Mas ainda assim permanecem vários mistérios. Onde o diafragma se posiciona na caixa torácica? Como o coração e os pulmões se arranjam em relação a ele? Onde estão os órgãos do abdome? Como o diafragma se move em relação a todas essas estruturas? E o mais importante de tudo: qual é *realmente* a aparência do diafragma?

Localização do diafragma

Podemos responder a algumas dessas questões sem abandonar a visão bidimensional. Primeiramente, vamos mostrar a localização do diafragma. Para isso, é preciso considerar a forma como ele se move: seu domo abaixa dentro da caixa torácica durante a inspiração e sobe com a expiração.

Use seu próprio corpo como referência. Coloque as pontas dos dedos no centro do peito, um pouco abaixo da base do esterno (o osso peitoral). Em seguida, deslize os dedos diretamente para a direita, logo abaixo do peito. Ache a costela que está ali: a sexta costela. Durante a inspiração, o domo do diafragma desce até o espaço logo abaixo dessa costela. Durante a expiração, o diafragma relaxa e sobe ao nível do espaço logo abaixo da quinta costela.

As laterais do diafragma, as áreas de aposição, estendem-se até as costelas inferiores e contêm fibras musculares relativamente longas que se fundem ao tendão central no topo. Quando essas fibras se contraem, o domo diafragmático desce.

Para ilustrar a localização exata do diafragma em um desenho, você terá de mostrar o torso inteiro, a caixa torácica e o diafragma (topo e lados). Para começar, trace um contorno do corpo dos ombros até o quadril. A cerca de dois terços de cima para baixo, faça um pequeno círculo para assinalar o umbigo (fica aproximadamente no nível da 12ª costela). Em seguida, desenhe a caixa torácica com um traço suave. Por fim, desenhe o diafragma com seu domo um pouco mais alto do que a metade da caixa torácica.

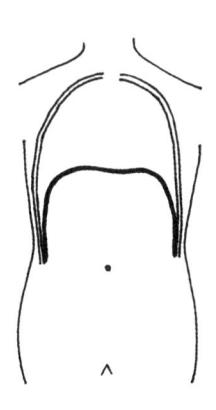

Pulmões, coração e órgãos abdominais

Seria útil agora mostrar a relação entre os órgãos internos e o diafragma. Os pulmões e o coração compartilham o espaço acima do diafragma, enquanto os órgãos do abdome ficam embaixo. O coração é cercado por um tecido conjuntivo chamado pericárdio, que se entrelaça no domo do diafragma.

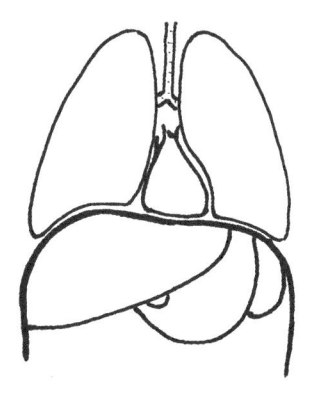

Abaixo do diafragma, o fígado se estende bastante através do abdome superior, da direita para a esquerda. O estômago se curva para a esquerda, parcialmente oculto pelo fígado. Ainda mais para a esquerda fica o baço.

O desenho nos traz todas essas informações. Observe a forma como os pulmões abraçam a superfície superior do diafragma. O pulmão esquerdo tem apenas dois lóbulos, não três (como é o caso do direito), deixando mais espaço para o coração. A traqueia desce passando por entre pulmões e entrando neles pelos lados internos. Faça você mesmo esse desenho algumas vezes.

Contraindo o diafragma

Quando o diafragma se contrai, ele empurra o abdome de cima. Mas não há espaço livre no abdome, exceto por pequenas quantidades de gás nos intestinos. Então, assim como apertar o topo de uma bexiga cheia de água, quando o abdome for pressionado de cima, todos os seus conteúdos são pressionados em todas as direções.

Como vimos, o resultado da compressão do diafragma é afetado pela postura. Ao se sentar ou ficar de pé, a inspiração resulta em uma notável expansão da caixa torácica para os lados. Ao se deitar, as costelas ficam paradas e a expansão passa a ocorrer na frente do abdome, resultando na "respiração pela barriga".

A caixa torácica se expande lateralmente nas posturas eretas porque, quando o diafragma se contrai, depara-se com a resistência dos órgãos abdominais logo abaixo. Estes agem como um ponto de apoio largo, inclinando as costelas inferiores para fora e achatando a superfície do diafragma. Esse movimento pode ser mostrado sobrepondo-se duas imagens: uma da inspiração e outra da expiração.

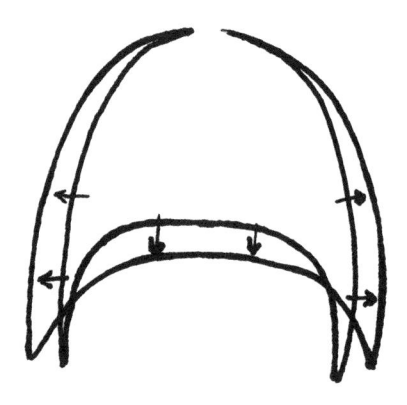

Em três dimensões

Desenhar o diafragma em três dimensões cria uma imagem bem mais impressionante, pois ela inclui as partes frontal e traseira do órgão que não apareciam nos desenhos anteriores. Porém, antes de botar o lápis no papel, vamos ver se conseguimos gerar uma imagem mental do desenho que queremos fazer.

A parte da frente do diafragma acompanha o formato da caixa torácica e se assemelha a uma barraca aberta. Ponha as mãos na base do esterno e acompanhe o traçado das costelas conforme descem em diagonal pelas laterais. Essa abertura de ossos e cartilagem em formato de "A" delineia o limite frontal do diafragma. A parte superior do abdome (o espaço no meio do A) é coberta de camadas de músculos, mas estes são abdominais; não fazem parte do diafragma.

As fibras musculares nas áreas de aposição se ligam às costelas inferiores. Então, assim como no caso das costelas, o diafragma circunda o torso criando um domo (com a estrutura em A distante na frente). Na parte de trás, as fibras verticais do diafragma, denominadas crural ou pilar, descem pela coluna estendendo-se para baixo da caixa torácica e ligando-se às vértebras da lombar. (Em posturas como a da cobra, o arco e a ponte, as contrações dessa porção crural do diafragma auxiliam no arqueamento da coluna.)

Agora é hora de desenhar o diafragma em três dimensões. Comece com a forma bidimensional que você já fez. Então desenhe a moldura A na frente do músculo (deixe espaço no topo para a tensão central). Por fim, trace linhas para representar as vértebras lombares e adicione a porção traseira do diafragma (crural) que se estende descendo pela coluna.

Se você gosta de desenhar, há inúmeros detalhes e perspectivas que poderia acrescentar às suas ilustrações. Com o auxílio de um livro de anatomia, é possível representar a visão lateral, diagonal ou traseira. Você pode se imaginar debaixo do diafragma, olhando para cima, ou acima dele, olhando para baixo.

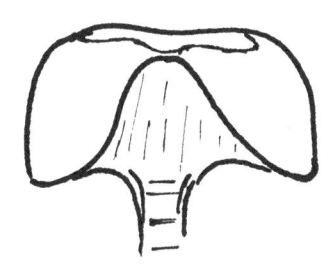

Você pode desenhar as costelas individuais da caixa torácica, e depois acrescentar o diafragma; é possível também mostrar os nervos que passam pelo diafragma. Ou seja, dá para criar uma interessante coleção de imagens que acrescentam à sua compreensão da mecânica da respiração pelo diafragma. No processo você passará a compreendê-la. Se você for instrutor de yoga, não tenha medo de mostrar seus desenhos: eles acrescentarão uma nova dimensão às suas aulas.

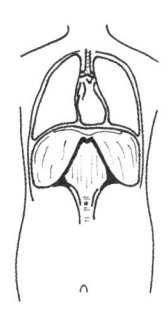

Para seu projeto final, você poderia juntar partes dos desenhos que já fez. Faça um contorno simples do torso, exatamente como fez anteriormente. Então, coloque uma imagem tridimensional do diafragma em cima do torso e acrescente os pulmões, o coração e a traqueia. Isso mostrará com clareza muitas das importantes características do diafragma e gerará uma ótima ilustração para colocar na porta da geladeira. Na meditação seguinte, visualize a imagem e veja se ela o ajuda a sentir o mecanismo de sua própria respiração com mais clareza. Essa é a verdadeira arte de respirar.

Seis Métodos para Treinar a Respiração

Respiração é vida. E a vida é respiração.
— Kaushitaki Upanishad

Dois temas baseados no treinamento respiratório tradicional do yoga aparecem muito nos principais jornais e revistas dedicados ao assunto. O primeiro diz que, quando a respiração peitoral (ou da parte superior do tórax) vira rotina, ela pode aumentar os níveis de fadiga e tensão. O segundo afirma que a respiração pelo diafragma tem o efeito oposto: ela acalma o sistema nervoso. A essa altura do campeonato, nenhuma dessas duas ideias parecerá novidade a você.

Pesquisas atuais sobre o sistema nervoso autônomo parecem confirmar essa sabedoria tão antiga. Durante períodos de crescente estresse e tensão emocional, mecanismos automáticos transformam a respiração. Os músculos auxiliares na parede peitoral e no pescoço são ativados para movimentar volumes maiores de ar para dentro e para fora dos pulmões e o ritmo da respiração também aumenta. Como resultado, o corpo fica preparado para o perigo, tornando disponível uma explosão momentânea de energia. Mas, quando a respiração peitoral vira um hábito, evidências sugerem que ela sabota e esgota, de modos complicados, o funcionamento normal do corpo e seus níveis de energia.

Infelizmente, a mera noção de que a respiração peitoral é capaz de causar ansiedade e tensão quase nunca é suficiente para que mudemos nossos hábitos respiratórios. A maioria precisa fazer esforços extras para reformar estilos de respiração nada saudáveis e substituí-los por uma respiração mais relaxada e tranquila. E, para aqueles que batalham com músculos peitorais cronicamente ativos, músculos que não parecem dispostos a relaxar, a melhor abordagem é um programa de treino abrangente.

A seguir há seis estratégias que o ajudarão a fazer a transição para a respiração pelo diafragma, fazendo dela uma realidade para você. Embora você já tenha experimentado alguns desses exercícios, acho que achará benéfico ver todos eles em uma só seção. Você pode praticar um ou mais deles logo antes da meditação ou em momentos separados do seu dia. Logo, a respiração relaxada servirá como base para cada meditação e para a vida.

1. Exagere o movimento da boa respiração

Se você sobrecarrega os músculos peitorais ao respirar, então os outros estilos de respiração mais naturais parecerão estranhos. Pode ser difícil confiar ou até mesmo identificar completamente as novas sensações respiratórias que devemos aprender. Uma solução é exagerar os bons movimentos respiratórios até se tornarem uma segunda natureza. Você pode criar uma nova e poderosa percepção dos movimentos da respiração com apenas um pouco de prática.

A coordenação dos movimentos abdominais com a expiração e a inspiração é um bom lugar para começar. Aqui, os movimentos da parede abdominal indicam se o diafragma está subindo ou descendo de forma apropriada. Quando isso acontece, os órgãos abdominais são massageados, o suprimento de sangue aumenta para aquela região e os músculos da parede abdominal são tonificados. O seguinte exercício ensinará você a reconhecer os movimentos básicos da respiração abdominal.

a contração abdominal

inspiração

expiração

Prática: De pé, afaste os pés um do outro um pouco além da altura dos quadris. Flexione os joelhos e incline-se para a frente, colocando as mãos sobre as coxas. Coloque o peso do tronco nos braços. Conforme você expira, contraia bem os músculos abdominais devagar, apertando o umbigo em direção à coluna. Então, ao inspirar, relaxe e deixe que o abdome retorne à sua posição normal. Repita de dez a 20 vezes, aprendendo a associar a contração abdominal com a expiração e a expansão abdominal com a inspiração.

2. *Ative as laterais e a parte traseira da caixa torácica*

Muitos de nós adquirimos a noção equivocada de que a respiração pelo diafragma significa somente a respiração abdominal. Quando você deita sobre o estômago, a respiração relaxada expande a lombar e as laterais das costelas inferiores, além do abdome. É possível praticar isso na postura do crocodilo.

postura do crocodilo

Prática: Deite-se sobre a barriga e coloque os braços e pernas na postura do crocodilo. Feche os olhos e deixe seu corpo descansar. Traga sua consciência até sua respiração e sinta o movimento da respiração conforme ela flui para dentro e para fora. Deixe que ela encontre seu próprio ritmo; apenas a observe, sem julgar. Note que o peito não fica ativo nessa postura.

Agora traga sua atenção à lombar, sentindo-a subir e se expandir na inspiração e contrair-se na expiração. Libere a tensão muscular nas costas para permitir que a respiração se aprofunde. Depois, observe como os lados inferiores da caixa torácica se expandem e se contraem a cada respiração. Sinta como se você estivesse respirando ativamente para dentro das costelas inferiores. Por fim, observe a pressão do abdome contra o chão ao inspirar e relaxe-o ao expirar.

Permaneça na postura do crocodilo de sete a dez minutos, observando todos esses movimentos e aprofundando a respiração. Quando estiver se sentindo renovado, saia devagar da postura, criando uma suave transição para alguma postura sentada.

3. Imobilize o peito

Um dos motivos para os músculos peitorais ficarem inativos na postura do crocodilo é que, quando os braços são erguidos acima do nível das axilas, os músculos da parede peitoral ficam alongados e parcialmente imobilizados. Você pode usar isso a seu favor para desaprender a respiração peitoral. Ao observar a respiração enquanto pratica outras posturas de yoga que imobilizam a parede peitoral, você pode desenvolver a consciência da sensação da respiração pelo diafragma. Veja dois exemplos:

alongamento simétrico deitado

alongamento simétrico em pé

Prática 1: Deite-se de barriga para cima. Aproxime os pés um do outro e estique os braços acima da cabeça, com as palmas viradas uma de frente para a outra. Enquanto mantém o lado esquerdo do corpo relaxado, alongue bem o lado direito, esticando tanto o braço direito quanto a perna direita. Então troque de lado, alongando alternadamente cinco vezes de cada lado. Por fim, junte as pernas e se alongue, esticando os braços. Alongue a lombar e alargue a parte superior das costas conforme você estica as pernas ao mesmo tempo. Segure a posição por cinco respirações, sentindo o abdome subir e descer conforme você respira. Então, relaxe tudo em uma expiração.

Prática 2: A partir de uma postura em pé, inspire enquanto levanta os braços pela lateral para cima da cabeça. Vire as palmas no nível dos ombros de modo que, quando os braços chegarem lá em cima, elas fiquem de frente uma para a outra. Alongue toda a caixa torácica e expanda as costas. Segure a postura por cinco respirações, sentindo os lados da parte inferior da caixa torácica se expandirem e contraírem em cada respiração. Por fim, relaxe com uma expiração.

4. Fortaleça o diafragma

Se você achar difícil fazer a transição para a respiração pelo diafragma, pode ser porque o diafragma está fraco. Ele é um músculo esquelético e, assim como qualquer outro músculo no corpo, é possível que seu desempenho esteja fraco porque perdeu o tônus muscular normal. O yoga proporciona vários meio de fortalecer o diafragma. Talvez o mais fácil deles seja fazer um esforço consciente para respirar profundamente em posturas que ofereçam uma certa resistência à respiração pelo diafragma (inclinações laterais, torções, posturas invertidas e muitas outras). Experimente, por exemplo, a postura a seguir.

inclinação lateral

Prática: Essa inclinação lateral é uma postura relativamente simples, mas é uma oportunidade surpreendentemente boa para fortalecer o diafragma. Comece com os pés paralelos e a 90 centímetros de distância um do outro. Inspire, erga o braço esquerdo ao nível do ombro, vire a palma para cima e continue levantando o braço até acima da cabeça. Estique esse braço, alongando o lado esquerdo do corpo e começando a inclinar o tronco para o lado direito. Não tombe para a frente nem para trás. Deixe que a mão direita deslize pela perna direita trazendo certo apoio conforme você aumenta a inclinação. Assim que chegar na postura, segure o alongamento de cinco a dez respirações. Inspire de propósito como se mandasse o ar para o lado esquerdo e para o abdome, e não deixe que o alongamento o impeça de respirar fundo. Então inspire conforme você volta ao centro, expire e solte o braço. Alterne os lados, repetindo duas vezes com cada um.

5. Sente-se ou fique de pé

Quando o corpo estiver ereto, sentado ou de pé, a respiração relaxada pode ser nitidamente sentida nas laterais das costelas inferiores. A sensação de estar respirando para os lados das costelas chega a se estender um pouco para cima, até as laterais do peito. O abdome fica relaxado; embora ele se expanda um pouco, não se projeta durante esse estilo de respiração pelo diafragma. As costas também permanecem relaxadas, mas se movem ainda menos do que o abdome, pois os músculos delas ficam ocupados segurando a espinha ereta.

Quando você se curva para a frente, o movimento do diafragma fica restrito. Quase sempre, nesses casos, a respiração é superficial e pode-se observar um movimento no abdome ou na parede peitoral, em vez de nas laterais da caixa torácica. O antídoto, claro, é sentar-se ou ficar de pé de forma ereta, sempre que possível.

postura sentada

Prática: Sente-se ereto na postura de sua preferência. Você pode se sentar em uma cadeira de assento plano, em um banco ou em almofadas no chão. Feche os olhos e direcione a atenção para a respiração. Suavize os lados da caixa torácica e deixe os músculos do abdome e das costas escorarem sua postura com uma contração muscular bastante moderada. Agora observe como sua respiração resulta em uma expansão tranquila do torso inferior. De modo semelhante a um peixe, cujas guelras se abrem e contraem devagar, você pode sentir os movimentos laterais de suas costelas inferiores.

A combinação de movimentos que trazem a melhor sensação a você é questão de preferência pessoal. Ao observar o movimento da respiração e explorar o equilíbrio do movimento nas laterais, na frente e nas costas, você aos poucos chegará a uma respiração que flui com facilidade. Descobrirá que, quando as costelas se expandem para os lados, o movimento abdominal é quase tão pronunciado quanto na posição em que você deita de barriga para baixo. Continue a observar sua respiração, tornando-a seu foco. Conforme o tempo passa, observe as sensações de limpeza e nutrição ocorrendo cada vez que você inspira e expira. Deixe que a respiração fique profunda, suave e regular.

6. *Relaxe*

Se os músculos peitorais estiverem superativos, você pode acalmá-los durante os períodos de relaxamento sistemático. A maioria dos exercícios de relaxamento é praticada em *shavasana*, a postura do cadáver, em que até mesmo as laterais da caixa torácica permanecem imóveis e a respiração resulta em movimentos profundos do abdome, erguendo-se com a inspiração e abaixando com a expiração. O peito fica imóvel e relaxado.

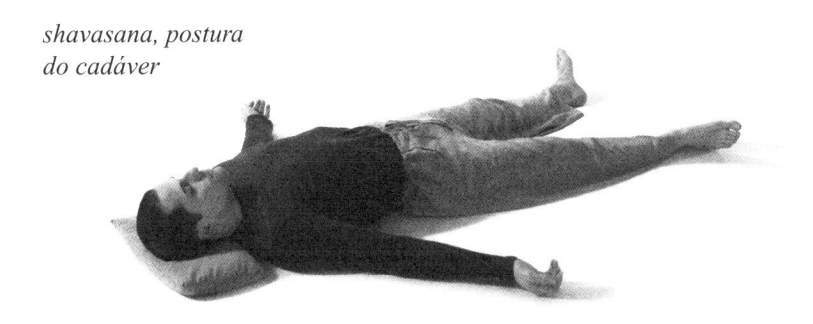

shavasana, postura do cadáver

Prática: Deite-se de costas em uma superfície plana e firme, com uma almofada fina apoiando a cabeça e o pescoço. Aproxime um pouco as escápulas, movendo-as em direção à cintura, para abrir o peito. Posicione os braços de 15 a 20 centímetros de distância do corpo, palmas viradas para cima. Afaste as pernas de 30 a 35 centímetros uma da outra. Se houver desconforto na lombar, apoie os joelhos em um cobertor enrolado ou em almofadas. A cabeça, o pescoço e o tronco devem estar alinhados.

Respire de maneira ritmada, permitindo que o abdome suba e desça. Sinta a limpeza e a nutrição a cada respiração. Observe o movimento de sua respiração com a mesma sensação tranquila que teria se sentasse próximo a um calmo regato campestre, observando o fluir da água.

Agora traga a atenção ao peito. Relaxe os músculos dessa região e deixe vir a sensação de suavização do peitoral. Concentre-se na base do esterno, o centro do coração, e sinta os nós e as tensões ali acumulados começarem a se dissolver aos poucos. Então volte a observar a respiração. Deixe que ela se aprofunde, suavize e relaxe. Continue de cinco a dez minutos, liberando a tensão do peito conforme você respira confortavelmente e sem pausa.

Praticando esses seis exercícios, os hábitos da boa respiração logo farão parte da linguagem de seu corpo. Reservando para eles uma parte do tempo que normalmente usa para meditar, ou apenas utilizando o tempo livre para a prática, você conseguirá incorporar um ou mais desses exercícios em seu dia. Em pouco tempo começará a ver resultados e dentro de seis meses conseguirá ancorar-se com firmeza no hábito da respiração natural e pelo diafragma. Assim, vivenciará os benefícios dela a cada meditação.

Capítulo 3

Relaxamento Sistemático

As habilidades de relaxamento têm um papel importante no aprendizado da meditação. Elas restauram o equilíbrio e repõem as energias que se desestabilizaram em meio às tensões do cotidiano. O relaxamento acalma os sentidos e inicia o processo de recuo dos sentidos (pratyahara). Ela prepara o corpo e a mente para estados refinados de concentração, apresentando uma prévia da meditação.

Os exercícios formais de relaxamento são praticados em posturas deitadas. Ao final, o praticante senta-se para meditar. Entretanto, muitas vezes, pratica-se a meditação sem antes fazer um relaxamento adequado. Durante a meditação sentada, pode-se realizar uma breve análise do corpo (desde a cabeça até os pés e de volta à cabeça) para dissipar as tensões musculares que poderiam perturbar a postura sentada. Como consequência, a meditação em si, na postura sentada, acontece com um mínimo de esforço e a atenção é direcionada ao processo de concentração em vez de se tornar dispersa em virtude das tensões internas.

O primeiro capítulo desta seção, "A Arte de Relaxar", faz um apanhado dos princípios básicos de relaxamento e delineia o método de prática mais comum. O capítulo seguinte deixa claro que, sem um padrão razoavelmente saudável de sono, provavelmente nem a meditação nem a vida diária prosperarão. Além de considerar a importância de um bom ciclo de sono, o capítulo examina um método simples de "Como Dormir em Meio à Correria". Por fim, "Equilibrando Suas Energias" descreve a forma pela qual as energias sutis impelem o funcionamento interno. Ele apresenta um método satisfatório para harmonizar as energias e aprofundar a experiência de relaxamento.

A Arte de Relaxar

*Relaxe! Vá com calma! Não fique ansioso,
não tenha medo.*
– Lal Ded (1355 a.C.)

Quando eu era jovem, estudei para ser violoncelista. Eu amava tocar e tive a sorte de contar com professores capazes de me ajudar a resolver os misteriosos problemas que de tempos em tempos visitam quem toca instrumentos de corda. Com o auxílio deles, a música preencheu minha vida, embora não sem alguns solavancos na estrada.

Durante uma fase de meu treinamento, por exemplo, briguei com a tensão no braço que segurava o arco do instrumento. Eu distendia os músculos que partem de meu ombro e o estresse muscular ia até minha mão, gerando uma rigidez na mão. Quando longos períodos tocando cansavam minha mão, o esforço voltava até o braço e o ombro em um ciclo vicioso de fadiga e frustração.

Minha professora tinha uma solução. Ela explicou que eu tentava com muita força e que a chave para aliviar a tensão era reduzir a pressão que eu punha no arco. Afirmou que não havia qualquer necessidade de forçar o arco nas cordas. O peso natural do braço, resultante da gravidade, bastava para produzir um som forte e inteiro, bem mais agradável do que o que eu vinha fazendo.

Mas esse conceito, no entanto, era bem mais difícil na prática. Eu tinha dificuldade em pegar o arco com leveza sem deixá-lo escorregar pelas cordas de modo nada eficaz. E o pior, o esforço mal localizado que eu estivera realizando roubara minha sensibilidade. Sem pressionar o arco, quase não conseguia sentir meu braço, que dirá o peso dele.

Com a ajuda de minha professora, a estratégia que usei para recuperar a consciência foi simples: uma prática lenta e paciente. Concentrando-me no braço e permitindo que ele ficasse pendurado na altura do ombro, passei meses treinando o movimento do arco para a frente e para trás. Trabalhei com cada uma das quatro cordas em separado, cuidadosamente atento às mudanças na direção do arco, mudando bem devagar de uma corda para outra. Aprendi a desacelerar e analisar os movimentos de braço de passagens tecnicamente difíceis de modo a, por fim, conseguir reter essa percepção conforme eu tocava em maiores velocidades.

A disciplina deu certo. Aos poucos surgiu um braço no horizonte de minha percepção, um cilindro de carne e osso guiado por músculos que agora eram amigos em vez de inimigos. E assim como esses músculos impulsionavam os movimentos do arco, o braço permanecia suspenso pelo ombro como um pêndulo, relaxado. O resultado final foi um som mais vivo e vibrante e posso dizer que a lição aprendida estava embutida em quatro palavras: tente menos, seja mais.

O relaxamento do yoga

No momento certo, essa lição se transferiu muito bem para o yoga. Ela foi particularmente apropriada para o relaxamento iogue, processo no qual o súbito excesso de força (exagerar no esforço para relaxar) é uma experiência comum. Pode parecer uma contradição, considerando-se que o relaxamento naturalmente implica um desapego do esforço. Mas qualquer um que tenha praticado conhece muito bem o impulso de "tentar relaxar".

Tranquilizar o próprio esforço e encontrar a experiência natural que serve de base ao relaxamento é um processo tão interessante e complexo, em todos os seus detalhes, quanto obter controle de um braço recalcitrante segurando o arco. Para começar, então, vamos rever a técnica básica de relaxamento. Ela é de uma simplicidade revigorante:

- Descanse deitado de costas usando uma almofada fina para apoiar a cabeça e o pescoço.
- Tranquilize e aprofunde sua respiração, percebendo as sensações da respiração preenchendo e esvaziando você.
- Pratique um método sistemático de relaxamento.
- Sinta a respiração como se o corpo inteiro respirasse, relaxando a mente e o corpo.

Agora usaremos os seguintes passos para reconhecer e aliviar sinais reveladores de tensão.

Uma postura imóvel

Lembro-me da primeira vez em que me deixaram ficar acordado até tarde para presenciar uma virada de ano. Meu irmão e eu havíamos montado uma barraca que cobria uma mesa de jogar cartas com um cobertor. Então engatinhamos para dentro dela e lemos livros até a meia-noite, quando o Ano-Novo chegou. Claro que o novo ano não parecia muito diferente do velho, então gritamos, assopramos apitos e comemos bastante para fazer parecer que tudo isso valia a pena.

A transição da percepção normal, cotidiana, para o relaxamento tem efeito semelhante. Durante os primeiros momentos de *shavasana*, o estado de espírito de uma pessoa não difere muito daquele logo antes do instante em que ela se deitou. É fácil sentir a necessidade de fazer alguma coisa para tornar o *shavasana* mais relaxante. Isso poderia significar ajustar a postura ou tentar apressar o relaxamento de alguma forma. Como na maioria das transições, é preciso um tempo razoável para a magia da postura de relaxamento fazer alguma diferença observável. Quando deixada por sua conta, a *shavasana* produzirá um sentimento profundo de calma que é verdadeiramente relaxante. O truque é esperar por ela.

Respiração relaxada

A respiração é por si só uma experiência relaxante. Porém, durante os exercícios de relaxamento, esforços inseguros e exagerados para respirar são um erro comum. Para reduzir a respiração tensa, é importante ser capaz de afastar a percepção da mecânica da respiração e concentrar-se na sensação atemporal de preenchimento e esvaziamento que acompanha cada respiração. Quando você tiver focado a atenção na sensação da respiração, com certeza conseguirá relaxar em seguida.

Também é importante ter uma compreensão acurada da mecânica respiratória. Anatomicamente, a postura do cadáver é incomum, pois nela os músculos secundários da respiração ficam quase totalmente tranquilos, ao passo que as costelas permanecem basicamente imóveis. Apenas o diafragma exerce o papel primordial de fazer com que o ar entre nos pulmões.

As inspirações que movimentam perceptivelmente os músculos na caixa torácica ou que fazem com que o abdome infle de forma desproporcional são sinais de esforço. Deve-se identificar e acalmar também as tensões que resistem ao fluxo tranquilo de respiração. Com uma prática regular, todos esses sinais de tensão respiratória podem vir à tona de sua percepção, quando então se pode lidar com eles. Assim como ensaiar o movimento lento de um arco no violoncelo, a postura do cadáver possibilita sentir o movimento do diafragma e diminuir qualquer interrupção dos ciclos suaves e regulares.

Uma viagem pelo corpo

As técnicas de relaxamento sistemático, cerne do processo de relaxamento, costumam envolver uma viagem mental pelo corpo, região por região. Normalmente se começa colocando a percepção na cabeça, movimentando-a pelo corpo e retornando à cabeça. Mas há vários jeitos diferentes de fazer isso, desde o relaxamento concentrado em grupos musculares até seguir a respiração ou viajar por linhas sutis de energia. De um ponto de vista iogue, nenhum método é puramente físico; o relaxamento profundo sempre resulta em uma mente mais clara e alegre.

A técnica mais comum de relaxamento chama-se "relaxamento muscular sistemático", em que a percepção é conduzida aos poucos desde o topo da cabeça até os dedos do pé e de volta até em cima, liberando tensões musculares ao mesmo tempo em que se mantém uma respiração profunda e relaxada. Este é o esquema básico da prática:

shavasana

Deite-se em *shavasana* e respire profunda e suavemente. Traga sua consciência às seguintes áreas e repouse brevemente em cada uma:

- Topo da cabeça
- Testa, laterais e parte posterior da cabeça
- Ouvidos, têmporas
- Sobrancelhas, pálpebras, olhos
- Nariz (repouse e pare aqui durante algumas respirações)
- Bochechas, mandíbula
- Boca, lábios, língua
- Queixo, garganta
- Laterais do pescoço e nuca
- Laringe, ombros
- Braços e antebraços
- Mãos, dedos, pontas dos dedos (repouse e pare aqui por algumas respirações)
- Mãos e braços
- Peito, laterais, parte superior das costas
- Pulmões, coração, centro do coração (repouse e pare aqui por algumas respirações)
- Abdome, laterais, lombar
- Glúteos, abdome inferior, quadris
- Articulações dos quadris, parte superior das pernas
- Parte inferior das pernas, pés, dedos dos pés (repouse e pare aqui por algumas respirações)

Após relaxar e respirar até os pés, viaje de volta para cima, movimentando a percepção pelas pernas até a base da coluna. Suba lentamente a coluna vertebral, relaxando os músculos profundos dessa área e também dos ombros e do pescoço. Pare na parte de trás da cabeça e depois no topo dela. Permita que a sensação de respiração preencha sua mente conforme outros pensamentos vão e vêm. Relaxe seu esforço mental.

Os professores de yoga que já guiaram alunos em exercícios de relaxamento parecidos com esse conhecem muito bem uma reação incomum que alguns têm ao exercício. Após ser instruídos a relaxar os dedos, em vez disso eles começam a movimentá-los. Esse tipo de movimento ocorre também de cima a baixo no corpo, da cabeça aos pés, conforme eles seguem o exercício.

O problema parece ser o mesmo que tive com meu braço na hora de tocar o violoncelo: uma perda de sensibilidade. Distraídos pela conversa mental, retendo muito mais tensão no corpo do que seria saudável reconhecer e acostumados a fazer algo sempre que nos pedem para focar a atenção, a maioria de nós cai em um modo ativo sem sequer perceber – nós nos movimentamos.

O yoga oferece várias formas para acalmar essa reação. A prática dos *asanas* desafia os músculos e alonga-os. Depois de uma sessão dessas posturas, fica bem mais fácil descansar durante o relaxamento. Os exercícios de tensão/relaxamento também ajudam a identificar as áreas do corpo a ser relaxadas. Igualmente preparam os músculos individuais para o relaxamento. Por fim, a repetição do método básico para relaxar costuma ser muitas vezes tudo o que basta para restaurar a sensibilidade. Os professores podem ajudar a estabelecer um hábito de relaxamento ao sempre se lembrarem de guiar seus alunos em algum exercício relaxante ao final de cada aula de yoga.

O hábito do relaxamento estende-se à meditação sentada. Com frequência o relaxamento sentado precede a meditação. Mesmo quando isso não acontece, a habilidade de acalmar as tensões musculares e ficar em postura sentada com um mínimo de esforço é essencial ao processo de meditação. Quando o corpo estiver relaxado e o sistema nervoso tranquilizado, pode-se então redirecionar a energia ao processo de concentração, em vez de dispersá-la com agitação física e esforço inconsciente. As boas habilidades de relaxamento naturalmente fazem a percepção transitar para dentro e subjazem ao processo de meditação em cada uma de suas etapas.

Relaxando mais profundamente

A única função dos músculos é a contração. Para usar um músculo, nós, consciente ou inconscientemente, enviamos um comando de "contrair". A resposta do músculo depende da intensidade da mensagem enviada. Se o estímulo for grande, a contração muscular será rápida e forte. Com zero de estímulo, os músculos ficam completamente imóveis. Assim, o truque para relaxá-los seria, ao que parece, desligar a máquina de mensagens por um tempo.

Fácil falar, não? Infelizmente, o hábito de enrijecer os músculos pode ser instintivo e arraigado. A natureza nos armou com reflexos que resistem ao relaxamento e pedem que lidemos com eles com cuidado. Enquanto as posturas iogues alongam os músculos e fazem os reflexos voltarem a níveis mais calmos, o relaxamento profundo exige ainda mais do que isso. Para relaxar profundamente, precisamos nos dirigir às múltiplas raízes de onde os músculos e outros tecidos musculares recebem seu estímulo.

As fibras nervosas direcionadas aos músculos são os trajetos finais que levam a várias fontes. Um encolher de ombros, por exemplo, pode significar a intenção consciente de comunicar uma mensagem. Mas também pode expressar descontentamento, o desconforto de sentir frio ou uma sensação de baixa autoestima. Ombros estreitos, travados em um encolhimento doloroso, pode ser o resultado de excesso de cafeína, fadiga causada pelo uso demasiado do computador ou dormir em posições ruins. E a tensão no ombro que surge quando se tenta proteger um pescoço exposto é quase sempre uma metáfora física para uma insegurança de um tipo diferente. Nesse caso, a ansiedade foi ainda mais fundo na mente do que gostaríamos que tivesse ido.

Como as contrações musculares brotaram de tantas fontes, o ato de administrá-las invariavelmente faz com que nos aprofundemos em nós mesmos. Começamos examinando nosso corpo. Durante o relaxamento, desenvolvemos um novo relacionamento com nossos pensamentos e nossa vida emocional. Aos poucos aprendemos a compreender como os fatores em nosso ambiente (muitas vezes fatores de nossa escolha) se refletem no corpo. Com o tempo, os exercícios de relaxamento nos ensinam a trabalhar de dentro para fora e não de fora para dentro.

Estabeleça uma prática

Para relaxar, seja metódico e deixe que o processo aconteça no seu tempo. Concluir suas sessões de *asanas* com um exercício de relaxamento é algo que funciona, mas, nos dias em que não tiver tempo para os *asanas*, não deixe de fazer um relaxamento completo. Esse é o método para desacelerar, aprender a responder aos momentos tecnicamente desafiadores de sua vida com mais equilíbrio.

Com o relaxamento, a música da existência soa melhor.

Como Dormir em Meio à Correria

*Há o momento de muitas palavras,
e há o momento de dormir.*
– Homero

Às vezes a necessidade de dormir é literalmente avassaladora. Você conhece a sensação: as pálpebras teimam em fechar, por mais energia que você aplique para mantê-las abertas... a cabeça balança para a frente e para trás como se fosse uma bola de boliche oscilante... os músculos do pescoço viram pudim... o corpo dói.... e os pensamentos dão lugar a sonhos fantasmagóricos.

Momentos como esse podem ser desafiadores, principalmente no trabalho. Todos os sintomas da falta de sono dão uma surra em sua mente ao mesmo tempo. Lutando para ficar acordado, você sintoniza em uma estação de rádio com clássicos do rock e põe o volume lá no alto. Então balança a cabeça de um lado para outro, com esperanças de que o cérebro pare de boiar e volte à consciência. Você dá tapas no próprio rosto, muda a posição em que está sentado e masca chicletes loucamente.

De alguma forma sua determinação o ajuda a atravessar a sonolência, mas você decide nunca mais deixar isso acontecer de novo. Enquanto volta para casa para finalmente descansar, você promete a si mesmo que da próxima vez vai ter mais cuidado ao organizar suas energias. Entretanto, apesar dessa determinação, haverá outros momentos de cansaço exatamente como esse. Será que existe algo que você possa fazer?

Um problema sério

Tanto o yoga quando a ayurveda oferecem conselhos práticos para lidar com a sonolência, mas primeiro deve-se observar que a sonolência durante o dia pode ser mais do que uma inconveniência dolorosa. Já foi associada a uma série de distúrbios que interferem radicalmente na habilidade de se concentrar e realizar tarefas e rotinas diárias. Dentre essas doenças, incluem-se a narcolepsia, apneia do sono, movimentos periódicos das pernas durante o sono, síndrome das pernas inquietas e distúrbio de ritmo circadiano. Se você suspeita que a consistência e a duração de seu sono indicam algum problema sério, consulte um médico que seja capaz de avaliar seus sintomas.

Entretanto, mesmo que seus sintomas não sejam resultado de algum distúrbio do sono, a sonolência durante o dia pode trazer consequências graves. Um estudo feito pela National Sleep Foundation [Fundação Norte-Americana de Pesquisa do Sono] sugeriu que jovens adultos sonolentos (de 15 a 24 anos) são responsáveis por 50 mil acidentes automobilísticos por ano nos Estados Unidos, enquanto motoristas mais velhos são responsáveis por outros 50 mil. A falta de sono também influencia uma variedade de outros comportamentos, incluindo as habilidades de memorização, de manter uma atitude alegre e positiva, de realizar tarefas motoras sem causar acidentes e acordar pontualmente de manhã. Acredita-se que o derramamento de petróleo do *Exxon Valdez* na costa do Alaska, em 1989, tenha acontecido em parte porque o navio foi comandado por pessoas que precisavam desesperadamente dormir. Portanto, aprender a administrar o sono no tempo reservado a ele é uma habilidade essencial para a vida.

A sonolência afeta também a meditação. Não é difícil de notar, em um salão repleto de meditadores, aqueles que precisam de uma boa noite de sono. Com a postura tombando e a cabeça pescando, eles se sobressaem tanto quanto aqueles que mantêm uma postura ereta. A fadiga da falta de sono dificulta demais a concentração. E o esforço doloroso para acordar a mente da sensação de sonolência é uma agonia em si mesmo.

Sonolência

Estudos recentes mostram que os seres humanos passam por diferentes períodos de sonolência ao longo de um dia relacionados a mudanças na atividade e no comportamento cerebrais. A vontade de dormir mais forte ocorre entre as 2 h e as 7 h. A sonolência noturna tem a ver com as alterações naturais de luz no ambiente e uma das formas de combater o sono no trabalho durante essas horas é aumentar a luz artificial.

Uma necessidade de dormir menos poderosa, mas igualmente significativa, ocorre das 14 h às 17 h, tanto que tirar uma soneca depois do almoço é prática comum em muitas culturas. Não surpreende que durante esse período do dia ocorra um aumento dos acidentes, bem como uma queda de produtividade. Em geral, depois dessas horas vem um período no entardecer em que é bastante improvável ficar com sono.

Swami Rama seguia uma rotina bastante afinada com o ciclo diário de sono. Ele dividia seus horários de sono em duas partes: por volta de 14 h, após o almoço, ele dormia durante uma hora. Então, no meio da noite, dormia mais duas horas. Era exatamente esse tanto. Ele quase nunca se desviou dessa extraordinária programação nas quase três décadas que passou trabalhando no Ocidente.

Para a maioria de nós, entretanto, um bom horário de sono será bem diferente disso. Para a ayurveda, ciência irmã do yoga, os horários de sono relacionam-se aos ciclos diários, ou seja, de acordo com essa disciplina cada dia é dividido em segmentos que correspondem aos três *doshas* (os três humores do corpo). Durante cada segmento, predomina um *dosha* específico:

Hora do Dia	Dosha Predominante
Das 2 às 6	vata (o *dosha* associado ao frio e ao movimento)
Das 6 às 10	kapha (o *dosha* associado ao descanso e à coesão)
Das 10 às 14	pitta (o *dosha* associado ao calor e ao metabolismo)
Das 14 às 18	vata
Das 18 às 22	kapha
Das 22 às 2	pitta

Há uma dica importante para reduzir a sonolência durante o dia na seguinte máxima ayurvédica: o sono pode ser melhorado dormindo mais cedo em vez de mais tarde. Conforme a noite avança e o *dosha kapha* começa a prevalecer, os níveis de energia se acalmam e a mente é conduzida naturalmente ao descanso.

Ir para a cama mais cedo à noite nos nutre e nos ajuda a obter energia; entretanto, se a mente continua acordada após as 22 h, começa a ficar cada vez mais ativa, influenciada pelas energias de *pitta*. Por volta da meia-noite, tanto a mente quanto o corpo passam a ansiar por ação. Por isso os praticantes da ayurveda quase sempre sugerem que adiantar a hora de dormir é a melhor alternativa para restaurar a energia, além de facilitar acordar de manhã.

Se você costuma permanecer ativo até de madrugada, entretanto, pode sentir dificuldade para se acostumar a dormir cedo. Tente fazer a mudança aos poucos. Reduza de 15 a 30 minutos seu horário de dormir até conseguir chegar à faixa entre 22 h e 22h30. Então, após quatro ou cinco dias indo para a cama nesse horário, observe qualquer melhora em seus níveis de energia durante o dia. Se tiver um histórico de grande sonolência nas horas de vigília, essa técnica poderá ser justamente a solução. Ao adiantar o ciclo de sono, você se beneficia dos ritmos normais da vida, que o auxiliarão a intensificar as horas de descanso e os níveis de energia durante o dia.

Dormindo em meio à correria

Todo mundo passa por momentos na vida em que a exaustão faz o dia escorrer pelo ralo. A necessidade de dormir torna-se praticamente avassaladora, é inútil resistir. Para essas ocasiões há uma técnica associada ao *yoga nidra*, ou yoga do sono profundo, capaz de revigorar a mente em um período de tempo incrivelmente curto. Para uma pessoa que medita com regularidade, essa prática é relativamente fácil de aprender, mas qualquer pessoa pode dominá-la esforçando-se com alguma paciência.

O propósito dessa técnica é colocar tanto o corpo quanto a mente em estado profundo de repouso, ao mesmo tempo em que se permanece alerta em um nível de consciência bastante interior. Não é preciso recitar mantras especiais nem praticar qualquer exercício de respiração, a não ser a respiração relaxada; e também não é preciso dominar nenhum *asana* avançado. Na verdade, para quem olha de fora, a prática se parece muito com tirar uma soneca.

A diferença entre tirar uma soneca e o yoga do sono profundo reside no que acontece bem no interior do praticante. Nele, a atenção é conduzida até o centro do coração e ali você se tornará uma silenciosa testemunha do corpo e da mente que dormem. Logo no início da prática, você deve determinar por quanto tempo dormirá – talvez dez minutos. Transcorrido esse tempo, sua própria mente o acordará. Você terá descansado completamente, sem se preocupar com nenhum pensamento que venha atrapalhar.

Como se preparar

Comece sentando-se no chão e descansando as costas contra uma parede. Estique bem as pernas à frente e cruze os tornozelos. Coloque as palmas em concha no colo, uma sobre a outra, e relaxe os braços. Abaixe a cabeça em direção ao colo e relaxe o pescoço (para quem tiver alguma distensão no pescoço ou sentir que o está forçando, melhor apoiar a cabeça na parede). Feche os olhos.

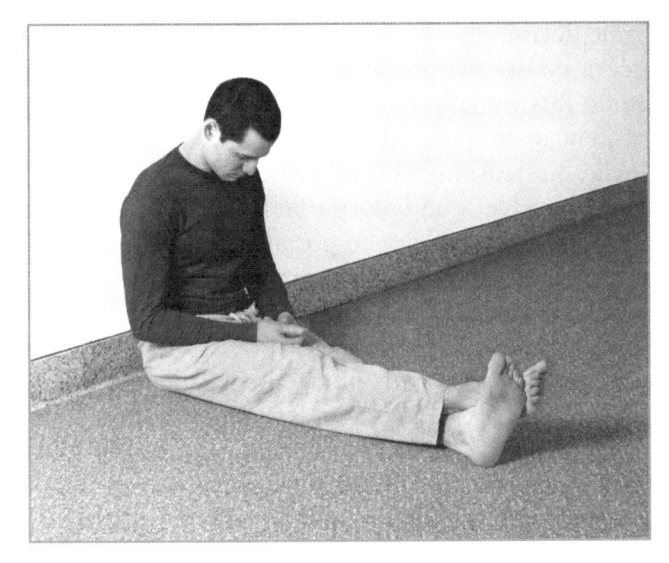

descansando encostado em uma parede

A técnica

Comece relaxando o corpo e se acomodando cada vez mais nessa postura. Sua cabeça fica pendurada confortavelmente e não deve haver tensão alguma, nem resistência, no pescoço em si. Conforme você se senta, seu corpo ficará imóvel.

Em seguida, preste atenção na respiração. As laterais do abdome, bem como a frente da parede abdominal, vão se expandir e contrair a cada respiração. Sinta as expirações limpando o corpo e as inspirações revigorando-o. Aprofunde a respiração e permita que ela flua fácil e suavemente.

Concentre-se nas narinas. Pare ali, sentindo o fluxo da respiração por algumas respirações. Agora leve sua percepção até o centro da sobrancelha, concentrando ali sua atenção conforme sente o movimento suave da respiração, como se estivesse respirando naquele ponto. Então, mude a atenção para o centro da garganta. Sinta, novamente, a respiração. Por fim, desça a percepção até o centro do coração, no fundo do peito, e mais uma vez concentre-se na respiração. É ali que sua respiração permanecerá pelo restante do exercício.

Após repousar no centro cardíaco durante algumas respirações, tome uma resolução silenciosa. Decida que dormirá por um período específico de tempo. Anuncie o tempo para si mesmo antes de dormir, de modo que a mente o acordará quando o tempo tiver terminado. Então deixe o corpo e a mente dormirem.

Você permanecerá como um observador, usando até mesmo a mais sutil percepção do fluxo respiratório para ancorar sua consciência, mas sem prestar atenção em mais nada. Você não está preocupado com nenhuma sensação ou pensamento que possa surgir nas primeiras etapas da prática. É possível que o corpo faça algum movimento involuntário ou a mente vagueie um pouco por aí, mas você não está interessado nessas experiências. Elas simplesmente o alertam que você está quase dormindo. Após alguns minutos, a mente e o corpo se aproximarão do estado de sono. Continue se observando, sentindo o ir e vir da respiração em um nível mais profundo de sua percepção.

Permaneça nesse estado até sua mente o despertar. Quando acordar, erga a cabeça devagar e alongue o corpo. Conduza a atenção para fora, abrindo os olhos para ver as mãos e depois o aposento ao seu redor.

Essa técnica deve ser praticada onde ninguém possa perturbá-lo de repente. Feche a porta do aposento em que estiver e, se necessário, peça a um amigo para ajudá-lo a manter no ambiente o silêncio necessário para poder realizar bem sua prática. Você descobrirá que ela é muito mais eficaz do que tirar uma soneca, mesmo demorando menos. Ela o ajudará a recuperar suas energias e seu poder de concentração.

Assim, o fator preponderante para lidar com a exaustão é desistir de brigar com ela. Em vez de combater a vontade de dormir, durma. Revigore com calma e eficiência seu corpo e sua mente.

Equilibrando Suas Energias

*Um mortal não vive por meio da respiração
que flui para dentro e para fora.
A fonte de sua vida é outra
e esta é que faz com que a respiração flua.*
– Paracelso

A respiração circula continuamente dia e noite esvaziando e enchendo os pulmões de ar. No andamento correto, cada respiração livra o corpo de resíduos, repõe o oxigênio na corrente sanguínea e nutre o metabolismo celular. Durável e capaz de se adaptar a uma grande variedade de circunstâncias, a respiração é o pano de fundo para qualquer atividade.

Mas a expiração e a inspiração, as duas grandes marés da respiração, não nos trazem uma imagem completa desse ato. Elas estão ligadas a um vasto sistema energético interno, uma rede de atividades estruturadas em torno de um círculo central. Contidos nesse sistema, há mecanismos que processam a energia e a disponibilizam para ser usada. Assim, sem esforço consciente, somos capazes de manter a temperatura corporal, fazer o sangue circular por cada uma de suas células, digerir o alimento que comemos e preparar os resíduos que acumulamos dentro de nós para a eliminação. A mobilização de todo esse arranjo de funções humanas, impulsionadas por uma energia viva, vital, é aquilo a que nos referimos de fato quando falamos que a respiração sustenta a vida. Sob a influência dessa respiração interior, a mente e o corpo ganham vida.

De acordo com a tradição iogue, esse vasto sistema de energia vital funciona por meio de cinco subenergias denominadas de várias formas: os cinco *pranas*, os cinco *vayus*, ou os cinco *prana-vayus* (o termo *vayu* significa "vento, sopro ou força vital"). Cada função tem um papel distinto e cada uma se integra no sistema total de energia humana. Se entendermos o papel de cada *prana-vayu*, então conseguiremos compreender como as forças do *prana* servem à pessoa inteira e poderemos também ver como as perturbações dos *pranas* reduzem nossa qualidade de vida e propiciam doenças. Em seguida, seremos capazes de empregar um dos métodos de relaxamento do yoga para inverter a espiral descendente de energia. Primeiro, vejamos cada um dos *prana-vayus*.

Prana. Normalmente se usa o termo *prana* para denominar a força vital em sua totalidade, mas, no contexto das cinco divisões de energia prânica, o termo refere-se a todas as formas por meio das quais trazemos energia para dentro. A inspiração é, de longe, o veículo mais importante para absorver o *prana*, mas pode-se obtê-lo também a partir de outras fontes de energia. Nós também absorvemos energia a partir de água e comida; das impressões dos sentidos, como visões, sons e cheiros reunidos pelos órgãos dos sentidos; e de ideias e impressões comunicadas à mente.

Diz-se que o *prana* entra no corpo pela boca (nariz, ouvidos e olhos são também bocas, nesse sentido). Várias fontes sobre o assunto localizam a morada principal do *prana* no peito, região dos pulmões e do chacra *anahata* (o centro do coração), mas outras dizem que o *prana* está concentrado principalmente no chacra *ajna*, o centro entre as sobrancelhas. É ali que nossa atenção se fixa em um objeto e isso automaticamente abre vias pelas quais serão trazidas impressões dos sentidos e nutrientes de um tipo ou de outro para dentro do corpo.

O *prana* é o apoio do corpo. Se não conseguirmos absorvê-lo, o corpo morrerá. O grande médico ayurveda Sushruta reconhecia esse importante papel ao dizer: "[o *prana*] faz o alimento viajar para dentro" e, ao fazê-lo, dá apoio às outras quatro funções energéticas. Sushruta observou também que distúrbios no *prana* resultam em soluços, espirros e uma série de doenças da respiração, dos sentidos e da mente.

Samana. Esta é a função prânica que digere e *assimila* a energia que entra no corpo. Ele opera em conjunto com *agni* (o fogo digestivo) e se concentra no estômago e nos intestinos. Isso normalmente está associado ao chacra *manipura*, centro do umbigo. Mas *samana* funciona também nos pulmões, onde a respiração é absorvida, e na mente, onde as ideias são integradas.

Samana (também junto com *agni*) fornece o calor interno que "cozinha" a comida que absorvemos. E, assim que está pronto para a assimilação, *samana* separa com cuidado as várias partes que constituem o alimento, disponibilizando-as de acordo com as necessidades do corpo. Nesse sentido, ele tem uma função de guardião do portal, permitindo que as energias entrem no corpo na proporção e na ordem de importância necessárias para a saúde e o bem-estar.

Samana também é guardião de nossas funções mentais. Quando seu funcionamento está equilibrado, permite-nos tomar sábias e saudáveis decisões sobre quais impressões dos sentidos e quais pensamentos deixamos entrar em nossa mente. Moléstias associadas a desequilíbrios em *samana* incluem: inchaço por gases, desconforto no abdome e fogo digestivo fraco, além da digestão superativa que leva à diarreia. Quando temos "o olho maior que a barriga", tanto *prana* quanto *samana* estão envolvidos.

Vyana. Depois de a energia ser conduzida para dentro do corpo, deve ser distribuída. *Vyana* é a força que realiza essa função fazendo com que o *prana* flua. Ele se expande e contrai, curva-se para baixo e para cima e viaja para os lados. Ele induz o movimento do sangue e da linfa, bem como os impulsos nervosos. Ele faz com que o suor escorra. Em um nível mais sutil, ele cria a sensação de energia viva que percebemos como algo que se irradia por todo o campo de nosso corpo/mente.

Ao contrário de *samana*, que atrai energia para um ponto no centro umbilical, onde será assimilada para entrar no sistema energético, *vyana* leva a energia para fora em direção à periferia do corpo. Assim, *vyana* é espalhado pelo organismo, correndo por vários canais chamados *nadis*. O ponto central de *vyana* localiza-se no chacra *anahata*, o centro do coração, onde se envolve em funções pulmonares e cardíacas. Como se pode imaginar, quando há perturbações em *vyana* ocorrem problemas sistêmicos que atingem todo o corpo.

Udana. A função prânica chamada *udana* é um pouco mais difícil de conceituar. O prefixo *ud* indica o movimento para cima, assim como o movimento energético que prevalece na traqueia, usado para a comunicação. Conforme o ar se eleva e passa pela laringe, produz a fala e o canto. Assim, *udana* associa-se ao chacra *visudha*, o centro laríngeo e às regiões acima dele.

Mas o movimento para cima de *udana* não é totalmente definido pela habilidade de fala. O conceito de "movimento para cima" sugere também algo com relação à qualidade e ao uso da energia. Um fluxo forte de *udana* significa que a pessoa age a partir de uma visão mais elevada. Assim, *udana* é a energia que nos leva à revitalização da vontade e em direção à autotransformação. Ela faz com que ergamos a cabeça (tanto literal quanto figurativamente). E conta-se que, na hora da morte, *udana* é a energia que leva a consciência individual para cima e para fora do corpo. Quando está desarranjada, *udana* está associada a doenças na garganta, no pescoço e na cabeça.

Apana. O último dos cinco pranas chama-se *apana*. É responsável pela expiração e pelo movimento para baixo e para fora da energia encontrada na eliminação de resíduos. Assim como a cabeça contém as aberturas adequadas ao fluxo prânico orientado para dentro, a base do torso contém as aberturas adequadas ao trabalho de *apana*. Assim, *apana* reside nos intestinos e está concentrado no chacra *muladhara*, o centro raiz. A liberação de fezes e urina, a menstruação, a ejaculação e os impulsos que governam o processo de dar à luz acontecem todos sob a influência de *apana*.

Como *apana* se move tanto para fora como para baixo, está associado aos sistemas imunológico e de defesa do corpo. Distúrbios em *apana* geram doenças urinárias, pélvicas e de cólon e contribuem para deficiências imunológicas. Quando tanto *samana* quanto *apana* estão em desequilíbrio, ocorrem problemas com a funções reprodutiva e urinária.

Os chacras, ou rodas de energia ao longo da coluna, agem como casas para os quatro *prana-vayus*. Quando um deles está desequilibrado, qualquer um dos centros a ele associados (raiz, umbigo, coração, garganta ou centro das sobrancelhas) será afetado. Quando há desequilíbrio entre todos os cinco *pranas* e seus centros, Sushruta observa que "isso certamente será a destruição do corpo".

Criando equilíbrio

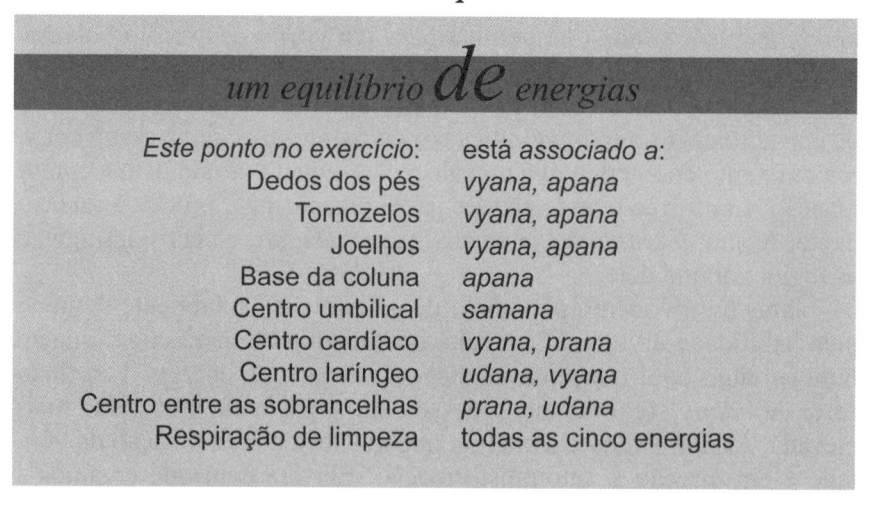

um equilíbrio *de* energias

Este ponto no exercício:	está *associado a*:
Dedos dos pés	vyana, apana
Tornozelos	vyana, apana
Joelhos	vyana, apana
Base da coluna	apana
Centro umbilical	samana
Centro cardíaco	vyana, prana
Centro laríngeo	udana, vyana
Centro entre as sobrancelhas	prana, udana
Respiração de limpeza	todas as cinco energias

Será que é possível corrigir com as técnicas do yoga desequilíbrios energéticos e aperfeiçoar os efeitos sinérgicos das cinco energias? A resposta, claro, é sim – o yoga inclui várias práticas somente com esses objetivos em mente. A técnica seguinte, chamada "respiração ponto a ponto", pode ser empregada como uma tônica geral por qualquer aluno de yoga. É poderosa e pode ser facilmente integrada nas práticas diárias, sendo também um exercício calmante; além disso, é particularmente útil quando a mente está fatigada ou quando o corpo se sente letárgico e pesado.

Nesse exercício, primeiro combina-se com cuidado uma percepção relaxada e concentrada com a respiração pelo diafragma. Isso intensifica as propriedades de limpeza e nutrição da respiração, criando uma mente clara e estabilizada. Em seguida, o poder centrador dessa percepção fortificada é sistematicamente direcionado a cada um dos cinco pranas. Isso é feito respirando-se a cada um dos centros energéticos associados aos pranas. Ao direcionar sua respiração conscientemente, você nutre e revigora as energias de cada centro. Suave, calma e ininterrupta, sua respiração transmitirá sua influência tranquilizadora e restaurará um funcionamento saudável do corpo.

Durante o exercício, assegure-se de que sua percepção e a respiração viajem juntas para baixo pelo corpo, a cada expiração e depois voltem ao topo da cabeça com cada inspiração. Você estará respirando com os oito pontos, começando com os dedões dos pés e movendo gradualmente para cima (veja a foto e a lista de etapas). Após completar todos os oito níveis de respiração em ordem ascendente, reverta o padrão movendo a respiração, aos poucos, de volta aos dedões.

Ao longo do exercício é importante deixar a respiração fluir suavemente, sem pausa entre as respirações. E, mesmo que se torne mais curta a distância viajada pela percepção no corpo, a respiração deve permanecer suave e relaxada. Com a prática regular o resultado será uma respiração mais refinada que flui lenta e suavemente. Sua concentração melhorará, e, na conclusão do exercício, todo o corpo se sentirá revigorado.

Expirando, desça a respiração do topo da cabeça passando por cada ponto listado na página 114. Inspirando, a onda da respiração retorna ao topo da cabeça.

Respiração ponto a ponto

- Descanse na postura do cadáver, deixando o corpo imóvel.
- Estabeleça uma respiração pelo diafragma relaxada.
- Observando sua respiração, expire como se esta fluísse do topo da cabeça até os dedões dos pés. Inspire retornando ao topo. Repita de duas a cinco vezes nesse ponto e em todos os pontos seguintes, exceto quando for dada outra orientação.
- Expire desde o topo da cabeça descendo até a altura dos tornozelos e retorne inspirando.
- Expire descendo até a altura dos joelhos.
- Expire descendo até a altura da base da coluna.
- Expire descendo até a altura do centro umbilical.
- Expire descendo até a altura do centro cardíaco.
- Expire descendo até a altura da garganta.
- Expire descendo até a altura do centro entre as sobrancelhas. Respire indo e voltando entre esse centro e o topo da cabeça, refinando a respiração e descansando, de cinco a dez vezes.
- Agora inverta a ordem e desça, primeiro ao centro da garganta, depois até o centro cardíaco, ao umbilical, e assim por diante até retornar aos dedões dos pés.
- Termine respirando como se o corpo todo respirasse. Deixe que a expiração flua para baixo como se fosse uma onda fluindo, atravessando as solas dos pés em direção ao infinito. Inspirando, faça-o como se a respiração fosse uma onda fluindo para cima em direção ao chacra do topo da cabeça, subindo por ele até o infinito. Você está deitado em meio a essa onda infinita. Permita que a respiração permaneça profunda e sinta-a, enquanto relaxa o corpo e a mente.

Capítulo 4

Consciência da Respiração

As práticas formais de meditação começam com a consciência da respiração. A sensação dela nas narinas é um foco de tranquilidade que pacifica e enraíza a mente na meditação. Ao manter a consciência no toque da respiração, os poderes de concentração se fortalecem, enquanto as energias mentais tumultuadas são dissipadas.

A consciência da respiração deriva da prática da respiração pelo diafragma relaxada. A refinação desta conduz a um foco fixo, apoiado por boas habilidades de respiração. "Respiração Atenta" delineia as etapas que conduzem da respiração pelo diafragma até a consciência da respiração, que é uma disciplina em si mesma. Você pode começar seu treinamento no trabalho ou em casa mesmo longe de seu local de meditação. Esse processo é descrito em "Técnicas de Respiração Consciente", que também explica como praticar contando as respirações, ferramenta eficiente para cultivar a consciência respiratória.

"Respirando pelas Emoções" explora a ligação natural entre a vida emocional e os padrões de respiração. Ter consciência desse vínculo entre ambas o ajudará a lidar mais habilmente com as emoções negativas e também fortalecerá sua meditação.

O capítulo final desta seção, "Nadi Shodhanam: Respiração Alternada pelas Narinas", apresenta a prática do pranayama nadi shodhanam, *ou purificação do canal. Depois resume a arte de refinar a respiração consciente, em uma técnica denominada respiração* sushumna. *Essas práticas conduzem a uma experiência interior de paz e bem-estar.*

Respiração Atenta

Às vezes eu penso e nas outras vezes eu sou.
– Paul Valéry

Um barco está amarrado a um grosso poste de madeira. O mar se movimenta e o barco sobe e desce, balançando devagar e sendo virado com suavidade. De vez em quando uma onda maior atinge a embarcação, jogando-a em momentânea turbulência. Apesar disso, a corda segura firme de modo que poste e barco não se separam.

Você está descansando nesse barco. Seus olhos estão fechados e primeiro você está antenado nos movimento dele. Conforme muda o centro de gravidade do barco, seu corpo reage e a mente vasculha atrás dos sinais da próxima ondulação. Mas você deu um nó firme na corda e acostumou-se aos movimentos rítmicos. Sua confiança cresce e você sabe que está ancorado. Você relaxa.

A imagem de relaxar em um barco ancorado em águas agitadas é uma metáfora do processo de respiração consciente, que é um tipo de ancoradouro mental. Quando você concentra a atenção na respiração, sua mente está ancorada. As correntes e contracorrentes do pensamento continuam a criar sensações de movimento na mente, mas um foco firme na respiração evita que essas provocações mentais desestabilizem seu equilíbrio. Ligado à sensação de respiração, você pode relaxar do esforço mental. Conforme a concentração se aprofunda e você se distancia do processo, você se descobrirá observando a mente que observa a respiração.

Como é possível a concentração na respiração se tornar tão bem fundamentada? O aprendizado de como acompanhar sua respiração, impedindo que a atenção vagueie por aí, é um processo de treinamento interno. Este capítulo delineará as importantes fases dessa prática, desde a percepção dos movimentos internos da respiração até a consciência da respiração nas narinas, e muito mais.

Consciência da respiração

O alicerce da respiração consciente é sintonizar-se ao ciclo da respiração e acompanhá-lo. O ritmo da respiração é lento. Normalmente respiramos uma média de 16 vezes por minuto, mas, durante o relaxamento e a meditação, o tempo da respiração pode reduzir-se a oito ou menos respirações por minuto.

Para começar a praticar a respiração consciente, sente-se em uma postura meditativa confortável e preste atenção a esse vagaroso ritmo respiratório enquanto entra e sai. Não parece, mas é difícil fazer isso. No começo, a mente fica ativa e os pensamentos se movem bem mais rápido do que a respiração – a velocidade desta nos parece dolorosamente lenta comparada à velocidade do pensamento.

O ato de concentração pode até mesmo parecer tedioso no início, mas o processo de observar a respiração influencia a mente. Enquanto você presta atenção na respiração, o ritmo frenético do pensamento se abranda aos poucos e um foco fixo na sensação de respirar se estabelece. Cada expiração traz uma sensação relaxante e cada inspiração parece igualmente nutritiva.

As cinco qualidades da boa respiração

Quando a mente tiver começado a acompanhar o lento ritmo da respiração, então a respiração precisa ser moldada para que as tensões físicas e mentais que a alteraram possam ser aliviadas. O processo de dar à respiração uma nova forma requer tempo e experiência. Se você tentar demais, pode acabar criando novos problemas. Se o esforço for insuficiente, continuará a manter as tensões respiratórias que, em sua maioria, fogem à consciência.

As qualidades da respiração ideal são informadas a seguir. Usando essa lista, você pode refinar a respiração e aprender a ter confiança nela.

A respiração ideal é:

	um	profunda; impulsionada por contrações firmes e cadenciadas do diafragma
	dois	suave; flui sem sobressaltos ou agitação
	três	uniforme; as expirações e inspirações têm duração aproximadamente igual
	quatro	silenciosa; flui em silêncio
	cinco	contínua; flui com suaves e fáceis transições entre as respirações

Conforme você molda a respiração, procure dificuldades em cada um desses cinco fatores, permitindo que um fluxo relaxado de respiração se desenrole com o passar dos instantes. O desenvolvimento dessas cinco qualidades pavimenta o caminho para a próxima etapa.

"A respiração respira"

Conforme prossegue a percepção do ato de respirar, acontece algo surpreendente: você descobre que "a respiração respira". Ou seja, o esforço de respirar relaxou completamente e mesmo assim a respiração continua a fluir, impulsionada por algum instinto profundo e invisível.

É claro que esse instinto esteve em funcionamento o tempo inteiro. Na verdade, só percebemos a respiração durante curtos espaços de tempo ao longo do dia, que do contrário é totalmente ocupado. A respiração flui, quer prestemos atenção a ela, quer não.

Mas, durante essa fase de consciência da respiração, você se deparará com o instinto de respirar. Nas primeiras vezes, esse encontro pode ser desconcertante. É possível que você perca o equilíbrio, tentando "tomar o controle" da respiração de novo. Aos poucos, entretanto, a alegria de observar a respiração começa a superar a alegria de comandá-la e a meditação se aprofunda.

O toque da respiração

O próximo passo na respiração consciente é prestar atenção no toque da respiração nas narinas. Sinta-o passando lentamente por ali, por várias vezes. Como seus esforços para respirar estarão quase completamente relaxados, você descobrirá que a maior parte de sua percepção pode ser conduzida à sensação da respiração passando pelas narinas. Isso tornará sua mente calma e fixa.

Vai demorar um pouco para ancorar seu foco, mas, assim que o tiver feito, permaneça com a sensação de respirar. Sinta-a por toda a extensão da respiração e pelas transições de uma respiração até a outra. Não a abandone, apesar das distrações que competem por sua atenção. Permaneça assim, focado na respiração por alguns bons minutos. Aos poucos você experimentará uma inédita tranquilidade da mente. Esse é o início da estabilidade mental.

Durante essa fase de consciência da respiração, entretanto, será tentador abandonar completamente a concentração. Pelo fato de a respiração fluir sem esforço, é espantosamente fácil fazer qualquer outra coisa com sua atenção – distrair-se. Mas siga cada respiração e preste atenção na transição para a próxima. Isso fortalecerá sua concentração e ressaltará a diferença entre o fluxo da consciência e aqueles pensamentos aleatórios.

No barco da mente

Ao repousar a consciência na sensação do respirar nas narinas, você entrou no barco da mente. Mas agora você se descobrirá mais perto do que nunca das ondas e correntes que levantarão sua mente em cristas de excitação, deixá-la-ão cair em valas de letargia, jogá-la-ão de um lado para o outro em tempestades de emoção e farão com que ela se volte primeiro em direção a um desejo, depois em direção a outro.

Será difícil às vezes manter alguma aparência de estabilidade. Mas há três princípios gerais que o auxiliarão a não perder de vista seu objetivo: primeiro, mantenha o foco da respiração. Quando o herói grego Ulisses navegou pelas ilhas das sereias – as vozes da sensualidade que lançavam seu chamado aos navios que por ali passavam – ele se amarrou ao mastro de sua embarcação antes de ficar ao alcance de suas vozes. Assim como Ulisses, você precisa amarrar-se ao mastro de sua respiração.

Em segundo lugar, enquanto mantém a concentração, seja testemunha dos pensamentos e emoções que surgem em você. Em momentos de frustração quase sempre gostaríamos de poder nos livrar de nossos pensamentos e sentimentos. Gostaríamos de poder trocá-los por uma nova versão de nós mesmos ou talvez descansar um pouquinho no reino do "não pensamento". Essas formas de abordar a tranquilidade da mente parecem convidativas, mas nunca resolvem os problemas que enfrentamos.

É preciso ter muita coragem às vezes para desistir de lutar com seus próprios pensamentos e emoções. Em seu livro *Being Peace*, o monge vietnamita Thich Nhat Hanh escreveu com clareza sobre essa ideia:

> Se eu tenho um sentimento de raiva, como posso meditar sobre isso? Eu não olharia para ela como algo fora de mim, com o qual tenho de lutar ou que preciso remover com uma cirurgia. Eu sei que a raiva sou eu e eu sou a raiva. Não dualidade, não dois. Tenho de lidar com minha raiva com carinho, amor, delicadeza, com não violência. Como a raiva sou eu, tenho de cuidar dela como cuidaria de um(a) irmão ou irmã mais novo(a), com amor e carinho, pois eu mesmo sou a raiva, eu estou nela. Se aniquilarmos a raiva, aniquilamos nós mesmos.

Assim como você é produto de forças profundas e inescrutáveis e tem uma necessidade constante de autoaceitação e compreensão, os pensamentos que surgem em sua mente são uma versão momentânea de você. Não se deve odiá-los nem desprezá-los. Então o segundo princípio é permanecer uma testemunha de seus pensamentos, mostrando compaixão e compreensão às forças da mente que perturbam sua concentração.

O terceiro princípio que o ajudará com o jogo mental é reconhecer a instabilidade dos pensamentos que passam. Quando o jogo de energias dentro de sua mente vem à consciência, ele momentaneamente o transformará. Em vez de repousar no centro de sua consciência, você ficará como um aluno preocupado tentando passar em uma prova difícil, um apaixonado em busca da atenção da pessoa amada ou um funcionário que sempre se atrasa para o trabalho. Você pode ter as reações complexas de um pai cujo filho foi pego roubando algo, de alguém em dieta que mesmo morrendo de fome tem de enfrentar uma tarde longa em uma festa de casamento ou de um intelectual prestes a pedir alguém em casamento. Você pode se sentir na crista de uma onda, mas ainda mantendo a percepção da respiração – e sua mente inchando atrás de algum pensamento desconhecido, como a cabeça de algum personagem de desenho animado cujo crânio elástico fica inflado por algo tentando sair de lá de dentro.

Tudo isso são ondas que passam. Este é o terceiro princípio: o barco está realmente sendo jogado de um lado para o outro, mas as ondas estão todas passando por ele. Ao manter a consciência da respiração, sua ancoragem é estabilizada. As ondas não estão no centro de seu ser, elas revolvem em torno dele. A respiração consciente ancora você tanto à sua respiração quanto a si mesmo. E é justamente isso que acalma e estabiliza sua mente.

A prática

1. Conforme você medita, conscientize-se do fluxo respiratório. Sinta a respiração no abdome e na parte inferior da caixa torácica. De início, não se preocupe com a mecânica disso, apenas sinta o movimento da respiração que entra e sai.
2. Molde a respiração. Use a atenção tranquila para estabelecer uma respiração profunda e relaxada. Cada inspiração-expiração flui lentamente e sem pausas.
3. Relaxe do esforço. Conforme a respiração flui com facilidade, ela acalmará seu sistema nervoso.
4. Leve sua consciência ao toque da respiração nas narinas. Aos poucos, em seu próprio ritmo, concentre ali sua atenção, sentindo o toque de cada respiração em vez de botar energia nos pensamentos que passam.
5. Aprofunde e estenda o tempo de concentração nas narinas.
6. Quando surgirem pensamentos externos, não os condene. Eles são você. Você é seus pensamentos. Mas deixe que passem sem lhes dar maior atenção.
7. Movimente-se em direção ao centro de seu ser. Descanse no toque de cada respiração e sinta a presença de seu ser.

Técnicas de Respiração Consciente

As melhores coisas da vida são as mais próximas:
A respiração em suas narinas, a luz em seus olhos, flores a seus pés,
deveres a cumprir e o caminho do bem logo em frente.
– Robert Louis Stevenson

"Aqui tem gente respirando." Vi um papel com essa frase grudado no computador de uma amiga recentemente. Ela decidira fazer pausas diárias para relaxar concentrando-se na respiração e o bilhetinho servia como lembrete. A consciência da respiração, observar o fluxo desta, tornara-se parte importante da vida dela.

Minha amiga não é a única. Por séculos, pessoas de todas as culturas foram atraídas à prática de respirar com consciência. Por quê? Em uma palestra proferida a alunos da tradição zen, o mestre Ysutani-Roshi (1885-1973) deu a seguinte explicação:

> Há vários bons métodos de concentração a nós legados por nossos antepassados no Zen. O mais fácil para os iniciantes é contar as respirações que entram e saem. O valor desse exercício específico reside no fato de que todo o raciocínio é excluído e a mente discriminadora é levada a descansar. Assim, as ondas de pensamento são acalmadas e obtém-se a concentração gradual em um ponto da mente.

Yasutani-Roshi guiava seus alunos por várias técnicas para a prática de respiração consciente, começando com a contagem das respirações e culminando com a instrução de pararem de contar para então "tentar vivenciar cada respiração com clareza".

A prática de observar a respiração também foi bastante defendida por professores cristãos. Por exemplo, o abade ortodoxo São Hesíquio, que viveu no século VIII, descrevia a prática da vigilância (um profundo e tranquilo desapego) e a relacionava à respiração evocando essa reveladora imagem:

> Todo monge ficará incerto quanto a seu trabalho espiritual até ter alcançado a vigilância (...). A vigilância é a tranquilidade do coração e, quando liberta das imagens mentais, é a guardiã do intelecto (...). Com sua respiração, combine a vigilância.

A consciência da respiração, como já vimos, está também completamente integrada à tradição iogue. Ela exerce um papel em todos os aspectos da prática, desde a realização de *asanas* até a meditação. Na verdade, a respiração consciente é tão importante que é comum ver instrutores afirmarem que, sem ela, o yoga não é yoga.

Com referências tão impressionantes, alguém poderia até pensar que brotariam por todo canto centros de treinamento para a respiração consciente. Mas a realidade é que o treino dessa prática é quase sempre desorganizado e raramente gera os resultados imponentes descritos pelos mestres tradicionais. Vejamos a respiração consciente a partir de um viés um pouco diferente daquele que tivemos no capítulo anterior.

Primeiros passos

Sente-se confortavelmente, feche os olhos e preste atenção na respiração. Siga-a da mesma forma como seguiria os movimentos de um jogo de tênis na televisão – para fora e para dentro, para fora e para dentro. Sinta as variações que ocorrem no fluxo respiratório. Observe se sua respiração é confortável ou desconfortável.

Agora mude sua postura. Reconheça a sensação da respiração na nova posição. Observe quaisquer suspiros ou respirações diferentes, sem se alarmar com eles, apenas os observe. Da próxima vez em que estiver caminhando, observe de novo sua respiração. Para fora e para dentro, para fora e para dentro. Logo você se verá capaz de observar sua respiração em qualquer situação que escolher.

Fique atento à sua respiração em condições menos do que perfeitas: ao subir um longo lance de escadas, por exemplo, ou nadando debaixo da água. Observe sua respiração no chuveiro, enquanto a água escorre por seu rosto. Observe-a ao amarrar os sapatos. O objetivo é observar sua respiração com um certo desapego. Torne-se aluno de sua respiração e aprenda como ela é realmente flexível e adaptável.

Mas para onde essa consciência da respiração conduz? O próximo passo é aprender a usar a respiração consciente para acalmar e concentrar a mente. Curtos períodos de prática podem ser incorporados ao seu dia ou você pode integrar o que está prestes a aprender diretamente nos períodos mais longos de meditação.

A mente e os sentidos

Já falamos em outro capítulo sobre os dez sentidos: cinco cognitivos e cinco ativos. Podemos acrescentar um 11º à lista: a mente sensorial, que age como coordenadora das outras dez. Ao longo do dia, cada sentido costuma buscar objetos que lhe dão prazer. A mente é a mais sutil e insistente nesse sentido, pois ela obtém prazer por meio de todos os outros sentidos e também de sua própria fonte de prazer, a imaginação.

Quando as atividades da mente e dos sentidos são tranquilizadas, estes descansam. Até certo ponto, isso acontece inconscientemente durante o sono; entretanto, nesse período, a mente quase sempre permanece ativa quando sonhamos. No yoga, os sentidos e a mente são conscientemente descansados e isso resulta em uma interiorização gradual da percepção (a quinta fase do *ashtanga yoga* de Patanjali, denominada *pratyahara*). Para alcançar isso, os métodos de relaxamento são combinados com longos períodos de respiração consciente.

A prática começa com a simples respiração pelo diafragma e um breve exercício de relaxamento. Em seguida, trazendo a consciência ao toque da respiração passando pelas narinas, a atenção é focalizada. Essa concentração no toque da respiração faz com que os outros sentidos se tornem cada vez mais dormentes. A atividade deles recua, exatamente como os sons transitórios em um aposento parecem desaparecer quando você se concentra nas palavras de uma pessoa falando diretamente com você.

Aos poucos, a sensação da respiração torna-se refinadíssima. Ela fornece somente o estímulo mais sutil para a percepção. A mente se acalma; qualquer agitação se apazigua; os desejos são acalmados. O foco mental evita que a mente desvie energia em direção a pensamentos que distraem e assim a respiração consciente protege a mente. A profundidade desse processo depende da constância da percepção de sua respiração, é claro, mas, conforme você aumenta aos poucos o tempo dedicado à prática, ele se desdobrará naturalmente.

Contando as respirações

Uma prática que pode ajudar muito no desenvolvimento da consciência respiratória é o ato de contar respirações. A contagem ajuda a ligar a atenção à respiração, fornecendo um foco audível (o som na mente) e deixar óbvio quando você perde o foco ("Em que número eu estava, mesmo?"). A contagem também pode ser feita durante a caminhada, os exercícios ou outras atividades rotineiras. Recentemente um amigo me disse que o percurso de duas horas de carro que ele normalmente fazia para o trabalho nunca passara tão suavemente como quando ele ficou imerso em períodos de contagem da respiração.

- Comece sentando-se confortavelmente e de forma ereta em uma almofada, banco ou cadeira. Feche os olhos e descanse o corpo. Suavize as laterais da parte inferior da caixa torácica e faça o mesmo com a parede abdominal. Isso permitirá que a respiração flua suave e facilmente.
- Como você já fez outras vezes, observe a sensação purificadora da respiração conforme ela sai e a sensação de nutrição que traz ao entrar. Respire sem pausa, sentindo aos poucos que a respiração flui sem esforço.
- Agora relaxe brevemente desde a cabeça até os dedos dos pés, e novamente destes à cabeça. Suavize e libere as tensões. Quando tiver retornado ao topo da cabeça, sinta o corpo todo e respire como se ele todo respirasse.
- A seguir, passe a prestar atenção ao toque da respiração nas narinas. Sinta cada respiração no fluxo dentro-fora. O toque da expiração é cálido e o da inspiração é fresco. Sua respiração flui pelo diafragma, sem pausa entre as respirações. Dê algum tempo à mente para se concentrar no toque da respiração e observe como sua atenção se fixa aos poucos.
- Enquanto você continua a sentir a respiração nas narinas, comece a contar em silêncio as respirações em sua mente. Ao expirar, conte "um..."; inspire "dois..."; expire "três..."; inspire "quatro..."; expire "cinco..."; inspire "cinco..."; expire "quatro..."; inspire "três..."; expire "dois..."; inspire "um...". Agora comece de novo e continue a contar cada respiração, seguindo o mesmo padrão:

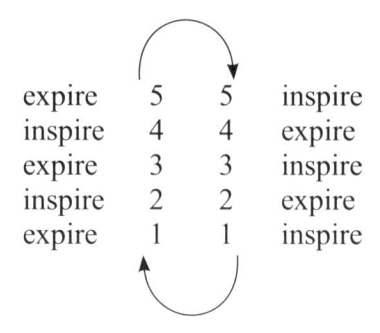

expire	5	5	inspire
inspire	4	4	expire
expire	3	3	inspire
inspire	2	2	expire
expire	1	1	inspire

- O som de cada número é recitado ao longo de toda a duração da respiração. Isso é calmante e diminuirá a agitação mental.
- Continue contando de três a cinco minutos, relaxando aos poucos o esforço, mas mantendo a contagem.
- A contagem das respirações fortalecerá sua concentração e o alertará para quando a mente começar a vaguear. Quando a mente se cansar, você saberá que é hora de terminar. Nesse ponto, pare de contar, mas siga a respiração um pouco mais sem contar, só descansando a mente. Então, quando se sentir pronto, abra os olhos e traga sua consciência para fora.

Respiração consciente sem contagem

A atenção à respiração também pode ser mantida sem a contagem. Nessa versão da prática, o próprio toque da respiração se torna a âncora da atenção. Assim como um músico que "pensa" em sons musicais ou um artista cuja mente está tão repleta de imagens visuais que outras modalidades de pensamento não são registradas, o meditador permite que a sensação de respiração ocupe a mente por completo. A respiração é vivenciada de forma simples e direta e os pensamentos que passam não perturbam a pureza da concentração. Para praticar esse método, mais uma vez:

- Mude sua atenção para o toque da respiração nas narinas. Sinta cada respiração fluindo para dentro e para fora. O toque da expiração é cálido e o da inspiração, fresco. Sua respiração flui pelo diafragma e sem pausa. Dê à mente algum tempo para que ela se concentre no toque da respiração e observe como aos poucos sua atenção fica mais fixa.

- Conforme sente o toque de cada respiração, preste atenção aos momentos em que a respiração muda de uma direção à outra. Nessas horas, é fácil deixar a mente vaguear. Mas siga a respiração com cuidado na transição de uma respiração até a próxima, sem deixar que a mente se distraia. Não há pausas na respiração nem na sua consciência.
- Conforme esse processo continua, você pode perceber uma agitação na mente. Pode decidir que já se concentrou por tempo suficiente na sensação da respiração. Pode se perguntar quando estará pronto para passar para alguma outra prática. É possível que não perceba qualquer benefício nem extraia qualquer experiência empolgante dessa prática. Tudo isso pode ser interpretado como sinal de progresso, desde que não lhe dê atenção. Testemunhe seus pensamentos, mas mantenha sua consciência no toque da respiração.
- Quando sua consciência se desviar, conduza-a gentilmente de volta à respiração. Não pense em críticas a si mesmo. Não espere que sua mente pare de pensar. Apenas continue com seu esforço até que o mesmo comece a relaxar.
- Você aprenderá a descansar na presença de sua consciência, em um silêncio sem palavras nem som que emerge mesmo em meio a todas as imagens e diálogos que povoam a mente. Alguns meditadores comparam essa experiência a mergulhar debaixo das ondas na prática de mergulho livre. As ondas não desapareceram, mas perderam o poder de jogar você para todo lado.
- Fique atento ao seu processo mental de um modo suave e entregue, mas, quando a mente se distrair, conduza-a de volta a seu foco. Entrelace cada respiração na respiração seguinte e deixe que sua percepção sinta os movimentos respiratórios com uma calma resoluta.
- Por fim, enquanto continua a sentir a respiração nas narinas, relaxe até mesmo o esforço. Sinta a presença simples de sua respiração.

A tranquilidade do coração

Isso quase conduz nossa jornada ao fim. Os estados tranquilos de respiração consciente longo ultrapassam o reino das palavras. Eles têm sua própria lógica e a intuição é o melhor guia para acompanhá-los uma vez que se estabeleceram.

Os pensamentos distrativos voltam sempre (lembrando-nos de que a jornada meditativa ainda não acabou); porém, quando estão distantes e a imaginação está calma, então as palavras de São Hesíquio cabem perfeitamente: "A vigilância é a tranquilidade do coração e, quando liberta das imagens mentais, ela é a guardiã do intelecto". Essa é a natureza da respiração consciente.

O caminho para a respiração consciente pode levá-lo muito além. Se quiser, pode até fazer como fez minha amiga e escrever algum aviso para não se esquecer de praticar. Talvez um bom lembrete fosse: "Com sua respiração combine a vigilância".

Respirando pelas Emoções

*É impura aquela emoção que toma somente
um lado do seu ser, e então o distorce.*
– Rainer Maria Rilke

A dor das emoções negativas – nossas mágoas, ansiedades e ciúmes – é uma dor tão real quanto a física. Embora tenhamos tendência à dor emocional tanto quanto tendemos naturalmente a machucar um tornozelo ou ter uma cárie, a primeira pode ser mais difícil de aliviar. Durante períodos de ansiedade, por exemplo, pode ser difícil entender exatamente o que nos está deixando ansiosos; a raiva frequentemente resulta em um nível de caos e confusão dificultando o discernimento; e a tristeza por um relacionamento perdido pode ser difícil de resolver sem culpar a si mesmo. Lidar com a dor emocional requer habilidade e autoconsciência.

O alívio desse tipo de dor fica ainda mais distante se reagirmos de forma defensiva. Os dois métodos comuns para lidar com esse tipo de dor, suprimi-la ou projetá-la no mundo à nossa volta, trazem apenas alívio temporário. A supressão é o esforço de excluir da consciência os pensamentos e sentimentos desagradáveis (tentar não pensar sobre eles). Entretanto, depois aparecerão de novo, quando já não estivermos mais em guarda contra eles. A projeção é atribuir a causa de nossos sentimentos a alguém ou alguma coisa fora de nós mesmos, como jogar longe um taco de golfe após uma jogada malsucedida. Ao projetar a raiva no taco, nós nos separamos temporariamente da frustração pela jogada ruim que fizemos, mas isso não resolve o sentimento.

Por mais dolorosas que sejam as emoções negativas, elas oferecem uma oportunidade de colocar-se sob a superfície da mente para examinar as áreas de nossa vida que normalmente evitamos. E, ao fazê-lo, aprendemos a ver a nós mesmos com clareza, solucionando as emoções negativas diretamente em sua raiz. Infelizmente, quando somos levados por reações defensivas ou atropelados pela intensidade negativa de nossas emoções, perdemos essa chance. O yoga oferece uma alternativa prática: a oportunidade de começar a administrar a dor associada às emoções negativas, ao administrarmos nossas próprias emoções. A respiração consciente pode nos ajudar, primeiro, a reduzir nossas reações defensivas e, depois, fornecer um ambiente interno que nos permita chegar às fontes da dor emocional. Vejamos como isso se dá.

As emoções e a respiração

As emoções negativas têm um efeito quase imediato na respiração. Lembre-se de como sua respiração mudou da última vez em que você perdeu as estribeiras, assustou-se com algum som ou se sentiu estupefato? Conforme nos concentramos em administrar um acontecimento perturbador, as respirações mais profundas, mais abruptas ou mais rápidas mudam o equilíbrio de energia dentro do corpo. Isso amplia temporariamente nosso nível de atenção, preparando-nos para tomar ações ou nos permitindo descarregar energia emocional.

Há muitas décadas a ciência ocidental reconhece mudanças respiratórias como essas. Por exemplo, um estudo intitulado "Influence of Emotions on Breathing" [Influência das Emoções na Respiração] foi publicado em 1916 no periódico científico *Journal of Experimental Psychology*. Nele, Annette Felecky mostrava como as emoções fortes alteram várias das mais importantes características da respiração normal. Ela observou que, dependendo da emoção, podemos respirar mais rápido, suspirar, engasgar ou até mesmo parar completamente de respirar. Em 1986, pesquisadores italianos sugeriram que mesmo as emoções pré-conscientes (emoções que não se manifestaram totalmente ou que foram suprimidas) podem exercer uma influência semelhante em nosso estilo respiratório.

O oposto dessas observações (o conhecimento de que cada um de nós é capaz de influenciar as próprias reações emocionais pela respiração consciente e por mudanças voluntárias na respiração) é bem menos divulgado. Em grande parte, as pesquisas nessa área se limitam ao estudo dos distúrbios de ansiedade, da hiperventilação e de alguns outros problemas de saúde mental. Os textos médicos sobre a respiração quase nunca focam a percepção voluntária do ato de respirar e mesmo entre nós alunos avançados de yoga poucos recorrem automaticamente à respiração quando passam por alguma dor emocional. A recomendação de "respirar fundo algumas vezes" a quem está perturbado continua pertencendo somente ao conhecimento popular.

Respiração consciente

Quando a respiração é afetada pela emoção, isso normalmente ocorre no limite da consciência. Porém, se vamos fazer uso da respiração em momentos de perturbação emocional, precisamos aprender a trazê-la até nossa consciência com facilidade. Isso pode ser feito pelas sensações purificantes e nutritivas obtidas ao se respirar focando em algum ponto familiar de referência. O segredo está na prática diária. Ela nos dá a oportunidade de observar a respiração relaxada e destacar as interações entre a respiração e as emoções, bem semelhante à forma como o ambiente de um laboratório amplia a claridade com a qual os efeitos experimentais podem ser observados.

Durante os momentos de respiração consciente relaxada, a respiração flui com facilidade satisfatória. Ela entra e sai dos pulmões em um ambiente de plenitude – o suprimento de ar parece ilimitado. Nossa identidade como seres que respiram está assegurada. É o contrário dos sentimentos que vivenciamos quando estamos sob estresse emocional.

A consciência da respiração traz ricas informações sobre as condições do corpo e da mente. Enquanto observamos a respiração, não só percebemos o ritmo silencioso da expiração e da inspiração, como também sentimos as barreiras e zonas de conforto que existem no corpo: um súbito aperto que faz descer a parede peitoral; a sensação geral de restrição muscular aliviada somente com suspiros fortes e profundos; ou, por outro lado, o conforto de um abdome relaxado. Somos permeados pelo desejo de que cada parte do corpo tem de respirar. E sentimos a mente relaxando ou ficando tensa junto com a respiração.

Praticando a respiração consciente

Embora o mecanismo da respiração relaxada varie dependendo da postura de seu corpo, muitas das características básicas são semelhantes. Pratique uma versão bem simples da respiração consciente em postura sentada ou deitado de costas, seguindo estas instruções:

- Feche os olhos. Relaxe o abdome, as costas e as laterais da caixa torácica. Sinta cada expiração e inspiração e vivencie as sensações de limpeza e nutrição com cada respiração.
- Reconheça que nenhuma respiração precisa ser perfeita; outra logo se segue para corrigir qualquer sensação de falta de fôlego.
- Deixe que sua respiração se torne profunda e suave, fluindo sem pausas.
- Observe que, assim que sua respiração estiver suave e ininterrupta, não poderá ser perturbada facilmente. A pressão dos pensamentos e das emoções sobre a respiração é reduzida.
- Sinta o passar do tempo. Você está ancorado no presente, sem perseguir o tempo ou correr para tentar ultrapassá-lo.
- Note que, enquanto fica atento à respiração, você assume um papel mais quieto e observador – você se torna um observador interno.

Continue observando sua respiração de cinco a dez minutos, olhando-a com atenção como se o corpo inteiro respirasse.

A respiração consciente em ação

Em meio a uma reação emocional, a respiração parece completamente diferente de quando estamos nos períodos de respiração consciente. Uma explosão furiosa de energia pode ativar músculos no peito e alterar drasticamente a velocidade e profundidade da respiração, que então se torna restrita, irregular ou sobressaltada. Um suspiro ansioso pode de repente marcar a respiração, como se vindo do nada. Ou uma sensação de enjoo no estômago, resultado de um repentino sentimento de tristeza, pode acabar apertando os músculos abdominais, dificultando completamente o ato de respirar.

A recuperação de um padrão respiratório normal e relaxado não resolve, por si só, a fonte dessas reações emocionais, mas pode adiantar você nessa direção. A respiração relaxada pode reduzir os sentimentos de defesa que acompanham padrões respiratórios distorcidos, além de aquietar o impulso de expressar ou de suprimir emoções negativas sem considerar as consequências. A respiração relaxada cria também um ambiente interno com menos pressão, mais adequado à autoanálise interna. Com isso fica bem mais fácil processar o estímulo que, em primeiro lugar, desencadeou a reação emocional.

A respiração pelo diafragma relaxada é a principal estratégia para trabalhar com a respiração durante períodos emocionais; entretanto, ela é aplicada de modo diferente de acordo com as várias emoções. Veja a seguir as estratégias para acessar três das fontes mais comuns de perturbação emocional: raiva, ansiedade e tristeza.

Raiva

Trate a raiva com cuidado. Ela quase sempre indica alguma dor ou necessidade subjacentes, mas também pode ser uma forma conveniente de conseguir o que se quer. Você pode ser um reator quente que se enraivece com facilidade ou um reator frio cuja raiva quase nunca alcança o ponto de ebulição. Sua raiva pode se manifestar como impaciência ou pode explodir em um ataque; venham como vierem, os acessos de fúria podem ser embaraçosamente ineficazes e bastante exaustivos.

A raiva muitas vezes mascara sentimentos profundos que necessitam de atenção cuidadosa. Por exemplo, a raiva é um aspecto familiar do sofrimento e um componente comum da ansiedade. Mas, quando os sentimentos de raiva persistem em nossa mente, uma respiração ansiosa pode dificultar bastante o relaxamento para ver o que está por trás da raiva. Durante a meditação, períodos de respiração relaxada abrem as portas para percepções que transformam a raiva em ações apropriadas. Isso quase sempre significa ganhar uma visão mais objetiva do estímulo que desencadeou sua raiva, que talvez seja bem mais ampla do a que você se dispunha a ter inicialmente.

No meio de um ataque de fúria, o yoga tem uma técnica que pode ser usada para ajudar a administrar a tendência explosiva de sua raiva, dando a você um tempo precioso para processar a situação sem perder o controle. O método é sentir a respiração fluindo nas narinas. Tente agora mesmo. Sinta a respiração fluindo pelas narinas por apenas dez ou 15 segundos e você sentirá um processo de centramento acontecendo dentro de si. Quando estiver com raiva, concentrar-se dessa forma lhe dará tempo para obter uma perspectiva mais clara sobre os acontecimentos que se desdobram à sua volta. Portanto, aprenda a transferir a atenção para a respiração nas narinas quando sentir a raiva crescendo. Isso o ajudará a analisar a fonte da perturbação, pesar os benefícios de liberar sua raiva e obter distância suficiente para escolher a reação apropriada.

Ansiedade extrema

A ansiedade sempre tem a ver com o futuro – nós nos sentimos ansiosos por perceber algum perigo espreitando logo à frente. Quando a ansiedade se torna avassaladora, leva a um sentimento de impotência.

Uma boa solução é mudar a respiração consciente sempre que possível – ela começará a acalmar sua agitação e reduzir a sensação de que você perdeu o controle. Deite-se e observe a respiração algumas vezes todos os dias. Reserve cinco minutos em sua cadeira para fechar os olhos e observar a respiração. Dê uma volta no quarteirão, observando a respiração. Deixe que as sensações da expiração e da inspiração mantenham-no relaxado e no presente para você conseguir pensar e agir com clareza e decisão.

Tristeza e depressão

A tristeza é o sentimento de perda; na depressão, quando a perda parece insuportável, todas as respostas emocionais são desligadas. Em ambos os casos, é enganosa a aparência externa de inatividade e inércia que quase sempre caracterizam esses dois estados. Na verdade, a mente está ativa, remoendo os acontecimentos em um esforço para aceitá-los. Isso afeta a respiração criando pausas curtas, momentos em que nos perdemos em pensamentos, em que o fio de energia tão necessário para que nos sintamos vivos é rompido sutilmente. Você se sentirá melhor se usar a respiração consciente para manter um fluxo constante de respiração. Pratique sessões regulares dela. Deixe os suspiros ou respirações profundas e pesadas alertarem-no para o fato de que sua respiração foi interrompida. Não lute contra si mesmo. Encoraje a respiração a fluir sem pausa para você liberar a fadiga e a mágoa, encarando com menos medo o desafio da aceitação.

Por fim

A interação entre as emoções e a respiração é normalmente involuntária e não lhe damos muita atenção. Mas o hábito de observar a respiração pode reduzir a perda de energia e nos ajudar a administrar melhor nossas emoções. A chave é desenvolver uma rotina diária de percepção da respiração à qual possamos recorrer para recuperar o equilíbrio quando algum evento perturbador nos afligir. Pratique dez minutos de respiração relaxada uma ou duas vezes por dia e então use as dicas listadas neste capítulo para moldar suas aptidões respiratórias às situações com que se deparar.

Estratégias

Rápidas de respiração para lidar com a dor

fonte da perturbação	*estratégia*
Raiva	Conforme sua raiva aumenta, conscientize-se da respiração fluindo pelas narinas. Use os momentos de meditação para mergulhar por baixo dos sentimentos raivosos.
Ansiedade extrema	Pratique a respiração consciente relaxada ao longo do dia (ou mesmo a cada hora).
Tristeza	Respire em um fluxo ininterrupto e deixe a respiração relaxar e se aprofundar; acima de tudo, evite as pausas.
Dor física	Aprofunde a respiração; use-a, então, para unir-se à dor em vez de combatê-la.

Nadi Shodhanam: Respiração Alternada pelas Narinas

O sábio é o que senta naquele trono supremo
ao qual nem o sol nem a lua têm acesso.
– Yoga Vasishtha

    A energia interna dá vida ao corpo e à mente, viajando em correntes que se ramificam e se cruzam como ruas e avenidas em uma cidade. Dentre essas várias correntes, ou *nadis*, três governam o funcionamento principal e determinam a tônica geral de todo o sistema. Elas se distribuem pela coluna vertebral: duas espiralando para cima pelas laterais e terminando nas narinas, e uma que sobe diretamente pelo centro. O canal que termina na narina esquerda chama-se *ida*; já *pingala* termina na narina direita; e *sushumna* ergue-se no centro pela coluna até a base do crânio. Essa configuração pode ser vista não apenas no simbolismo tradicional do yoga como também na arte de outras culturas antigas. A imagem grega do caduceu é um exemplo conhecido.

    Textos iogues como o *Shiva Svarodaya* observam que os fluxos de energia passando por *ida* e *pingala* dificilmente são iguais, o que se pode notar nas narinas. Se você verificar sua respiração agora mesmo, provavelmente verá que uma narina é mais aberta que a outra. A narina com o maior fluxo de ar chama-se narina "ativa", ou dominante; a outra narina é denominada "passiva".

    Você poderá compreender melhor isso se expirar em um espelho segurado na horizontal logo abaixo do nariz. O ar que sai de cada narina embaçará a superfície do espelho, formando um desenho, e a diferença de tamanho entre os dois lados do padrão torna visível a discrepância entre as narinas. Além disso, comparando os tempos de evaporação em cada lado do padrão, obterá uma estimativa da proporção de atividade em cada narina. Por exemplo: se o padrão de umidade do lado esquerdo evaporar em 30 segundos, enquanto o da direita durar somente 15, então sua narina esquerda é duas vezes mais ativa que a direita.

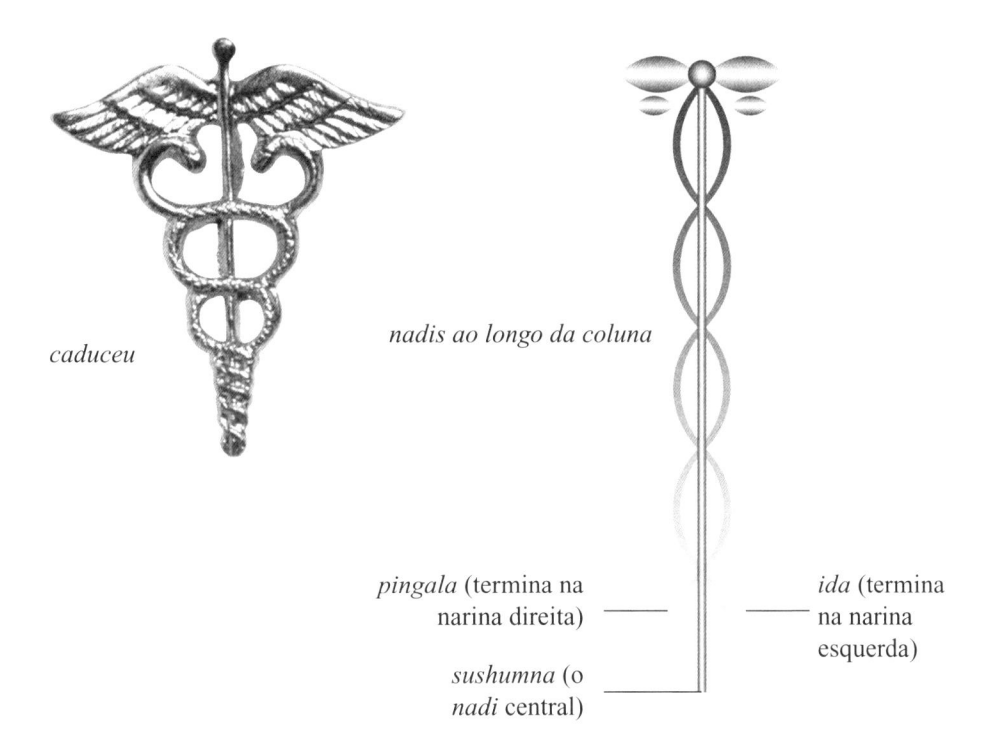

caduceu

nadis ao longo da coluna

pingala (termina na narina direita)

ida (termina na narina esquerda)

sushumna (o *nadi* central)

As diferenças na atividade de cada narina são normais – na verdade, afirma-se que a dominância de uma ou de outra se alterna aproximadamente uma vez a cada 90 minutos. Embora esse seja um índice ideal, é possível que você perceba que uma narina fica mais ativa por períodos bem mais longos, ou que a alternância regular da dominância raramente acontece. Tais irregularidades podem ter efeitos sutis sobre seu humor e nível de atividade.

Energias em rotação

O funcionamento das narinas é bem parecido com um medidor no painel de um automóvel. Para saber a temperatura do motor de um carro, não é preciso levantar o capô. O medidor da temperatura nos mostra se o motor está ou não funcionando dentro do normal. Da mesma forma, as narinas fornecem informações sobre a situação da energia que governa o corpo e a mente.

As diferenças na energia de ambas as narinas é simbolizada lindamente na literatura iogue. A corrente de energia terminando na narina esquerda (*ida*) é refrescante como a Lua; associa-se ao poder latente da consciência, com nutrição e reposição. Denota uma energia em sentido interno, nutritiva e de caráter feminino. Quando for dominante em excesso, entretanto, pode levar à frieza, passividade, falta de assertividade e depressão. A corrente de energia que termina na narina direita (*pingala*) é cálida como o Sol; associa-se ao aspecto dinâmico da consciência, ao crescimento e à expansão. Denota forças que se movem para fora, de caráter masculino. Mas, em excesso, pode levar à febre, agitação, assertividade exacerbada e falta de concentração. Sol e Lua, masculino e feminino, ativo e receptivo, racional e intuitivo, contração e relaxamento, quente e frio, rígido e fluido – esses e outros pares de opostos são capturados nos arquétipos dos dois canais da respiração.

O domínio desses dois modos principais de energia humana estende-se ao mundo das atividades. Por exemplo: fazer exercícios, dirigir um automóvel, prescrever remédios, criar um bom apetite, realizar tarefas que exigem esforço físico, debater, inspirar outros, preparar-se para dormir (aquecido pelo fogo interno) e incumbir-se de qualquer ação difícil ou rigorosa são todas atividades que terão mais probabilidade de dar certo quando a narina direita estiver ativa. Cavar a terra, tomar remédios, plantar jardins, visitar templos, entrar na própria casa, investir com segurança, fazer apresentações artísticas ou recitar mantras são todas atividades que tendem a prosperar quando a narina esquerda estiver dominante.

Assim como uma roda gigante, os mecanismos associados às duas narinas dominam alternadamente, mas, durante os momentos de transição, ambos se igualam. Por mais breves que sejam, esses momentos fornecem uma amostra do equilíbrio antes que as energias comecem a agir novamente. Quando *ida* e *pingala* interagem, colorem cada percepção. Durante os curtos períodos em que fluem igualmente, a percepção é trazida para dentro, inspirada por uma alegria interna tranquila.

Nadi shodhanam: purificação dos canais

As práticas de respiração têm um efeito direto no fluxo energético dos *nadis*. Por meio do *pranayama*, a energia pode ser acentuada ou acalmada, usada para produzir calor ou resfriamento interno, bem como direcionada para a recuperação da saúde e da longevidade. Como em muitas outras práticas de yoga, o foco inicial do *pranayama* é a purificação. O objetivo é limpar os *nadis* das impurezas que poderiam atrapalhar a concentração e impedir o movimento natural do *prana*.

Nadi shodhanam, ou purificação dos canais, é a principal prática usada para realizar isso. É uma prática de limpeza, também denominada "respiração alternada das narinas" porque envolve a respiração em uma narina de cada vez. Além de abrir o fluxo de energia ao longo dos *nadis*, essa prática é uma excelente preparação para a meditação. Ela tranquiliza, purifica e fortalece o sistema nervoso ao mesmo tempo em que aprofunda a autoconsciência. Por fim, ela leva ao estabelecimento da respiração *sushumna*, condição em que a sensação da respiração fluindo pelas duas narinas se une a uma percepção em um fluxo central.

Preliminares

As informações necessárias para se preparar para a purificação dos canais são bem específicas.

- Sente-se com a coluna ereta. A postura da cabeça, do pescoço e do tronco durante a limpeza dos canais é crucial. Se a prática for feita com a coluna curvada, poderá atrapalhar o sistema nervoso, aumentando a tensão física e mental. Um conhecido professor indiano certa vez disse que fazer o *nadi shodhanam* com as costas curvadas equivalia a atacar a coluna com uma britadeira!
- Respire pelo diafragma e sem pausas. No processo de se concentrar em manipular as narinas, é fácil perder o contato com a própria respiração. Esta deve permanecer profunda, suave, relaxada e pelo diafragma durante todo o exercício. Ao poucos a duração de cada respiração aumentará.
- Feche as narinas pressionando levemente a pele macia em ambos os lados do nariz. Isso é feito com uma posição especial das mãos, um mudra, em que os dedos indicador e do meio se fecham para tocar a base do polegar, abrindo um espaço entre este e o dedo anular. O polegar é usado para fechar uma narina e o anular, para fechar a outra.

> • Por fim, durante a prática de purificação dos canais, é um erro comum concentrar-se tanto em manipular o nariz que se acaba curvando a cabeça para a frente. Ou você pode aplicar pressão excessiva nas narinas com o anular e o polegar, empurrando o nariz para o lado. Lembre-se de que o nariz não deve ser entortado durante a prática nem se deve alterar o equilíbrio da cabeça e do pescoço. Feche as narinas com suavidade.

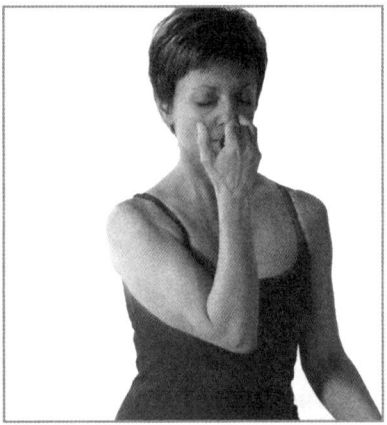

mudra vishnu, posição da mão para o nadi shodhanam

Padrão para o *nadi shodhanam*

Há vários padrões para alternar a respiração nas narinas, alguns simples, outros complexos. No método a seguir, o fluxo é alternado a cada respiração completa, de modo que fica fácil lembrar e monitorar.

Os exercícios de respiração do yoga, incluindo este, normalmente começam com a expiração. É algo tanto simbólico quanto prático. Simbolicamente, isso nos lembra que precisamos nos preparar, esvaziando-nos de resíduos e impurezas. De modo prático, a expiração é uma respiração de limpeza que prepara os pulmões e o sistema nervoso para a inspiração, que é a respiração rejuvenescedora na purificação dos canais.

A narina usada para começar a prática normalmente é determinada pela hora do dia. Uma forma fácil de lembrar é a máxima "direita à noite" (e, portanto, esquerda de manhã). Comece a prática da noite com a narina direita; se for de manhã, com a esquerda. Se praticar ao meio-dia, comece expirando pela narina que estiver menos aberta (a narina passiva). Se as duas estiverem com fluxo igual, o que é menos comum do que se espera, pode começar em qualquer um dos lados.

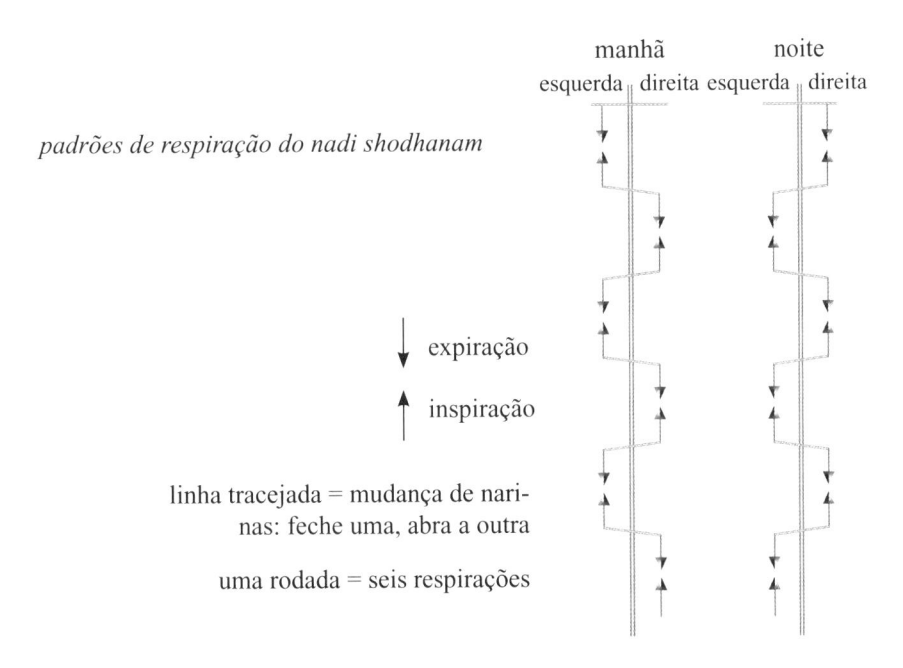

padrões de respiração do nadi shodhanam

↓ expiração

↑ inspiração

linha tracejada = mudança de narinas: feche uma, abra a outra

uma rodada = seis respirações

manhã   noite
esquerda | direita   esquerda | direita

A técnica

- Sente-se com a cabeça, o pescoço e o tronco eretos de modo que a coluna fique equilibrada e imóvel, e que você possa respirar livremente. Feche os olhos suavemente.
- Respire pelo diafragma. Deixe cada expiração e inspiração ter a mesma duração, além de ser suave, lenta, relaxada. Não deixe a respiração ficar forçada ou sobressaltada. Deixe-a fluir sem pausas.

- Para iniciar a prática, inspire pelas duas narinas e então feche uma delas e expire; inspire suavemente e completamente pela outra. A expiração e a inspiração têm a mesma duração e não há a sensação de forçar a respiração. Agora troque o lado, completando uma respiração inteira com o lado oposto. Preste atenção na respiração fluindo em cada narina assim como você fez nas práticas de respiração consciente. (Observação: nessa versão da prática não há retenção da respiração.)
- Continue alternando entre as narinas até ter completado uma rodada completa da prática (três respirações de cada lado, em um total de seis respirações). Então abaixe a mão e respire gentil e suavemente três vezes pelas duas narinas. (Observação: ao praticar as três rodadas em uma sessão, a segunda rodada começa com a narina oposta, e o esquema de alternância é, portanto, o reverso do esquema das rodadas um e três.)

O *nadi shodhanam* pode vir a ser uma das técnicas mais profundamente relaxantes e centradoras da sua rotina de yoga. Conforme a respiração entra e sai por cada narina, ela fornece um foco tranquilizador. Seu sistema nervoso ficará profundamente relaxado e a mente voltada para dentro, tranquilizada para a concentração. Se preferir, você pode prosseguir à fase seguinte da jornada interior: atenção à energia fluindo ao longo do núcleo central da coluna.

Dicas *e* Precauções

O *nadi shodhanam* é, sob vários aspectos, a prática mais importante do *pranayama*. Deve ser realizado duas vezes ao dia, normalmente pela manhã e à noite. Aqui se aplicam as orientações gerais para todas as práticas de yoga: não faça de estômago cheio, esvazie a bexiga antes de começar e fique em sua capacidade de conforto. Quando a purificação dos canais fizer parte de uma sessão completa de yoga, ele deve ser feito logo após os *asanas* e antes da meditação.

Não pratique a purificação dos canais se você estiver cansado e não puder se concentrar. Não pratique quando sentir uma forte dor de cabeça, quando estiver inquieto e agitado (vá descansar) ou durante períodos de febre. Pessoas com epilepsia não devem praticar a respiração alternada das narinas. Se surgirem ruídos na cabeça, descontinue a prática.

Um centro calmo

Assim como acontece com o olho do furacão, diz-se que o canal de energia *sushumna*, fluindo pelo âmago da coluna, não é afetado pelas poderosas energias de *ida* e *pingala* que revolvem à sua volta. *Sushumna* é o centro da roda da vida. Durante a meditação, a mente descansa de suas atividades externas e é naturalmente atraída em direção a esse fluxo central de energia. Com a atenção ancorada aí, uma experiência de profunda alegria ilumina a mente.

Após a prática de meditação, a atenção volta-se para fora novamente e restaura-se um interesse ativo nos assuntos mundanos, muitas vezes com mais entusiasmo do que antes. A graça da experiência meditativa é que ela continua a criar um clima sutil de felicidade e contentamento, bastante parecido com a satisfação de ter testemunhado um lindo nascer ou pôr do sol. Essa memória imbui a consciência com segurança, otimismo e ânimo.

O significado de *sushumna*

A palavra *sushumna* pode ser dividida em três partes, embora para um falante de outro idioma elas não pareçam ter sentido. A divisão é su-su-mna. "Mas espere aí", você poderia dizer, "no segundo *su* está faltando um *h*, e o *mna* parece também um tanto peculiar". Bem, você tem razão. *Su* é um prefixo que frequentemente muda para *shu*. Significa "bom, bonito, virtuoso, doce e bem" (e é encontrado na palavra em inglês "sugar"). *Mna* é uma raiz de verbo pouco utilizada com o mesmo significado que sua raiz mais comum, *man*, que significa "pensar".

Quando *su* e *mna* são unidas (*shumna* – "bons pensamentos"), o resultado pode ser traduzido como "bom" ou "gracioso", ao menos é isso que se pode encontrar nos dicionários em sânscrito. E o prefixo dobrado (*su-shumna*) evoca essas qualidades no superlativo. Poderíamos dizer: "boníssimo" ou "graciosíssimo".

Os adeptos do yoga, entretanto, nos dão um sentido alternativo. Eles explicam que *sushumna* pode também ser interpretado como "*sukha-mana*", ou seja, mente (*mana*) alegre (*sukha*). Nessa nova palavra composta, a primeira palavra *sukha,* normalmente traduzida como alegre ou contente, também contém o prefixo *su,* dessa vez acrescentado ao pronome curto *kha*. Dentre as várias definições de *kha* (normalmente relacionadas ao conceito de espaço) está o significado de "espaço no centro de uma roda". A implicação de *su-kha*, então, é que no centro de qualquer roda há um lugar de equilíbrio e tranquilidade. Assim, *sukha* significa "bem centrado, funcionando suavemente" ou, mais frequentemente, "alegre", "contente". Isso nos lembra que existe, no centro de cada vida humana, um eixo que é a fonte do contentamento interno.

Estabelecendo *sushumna*

Já vimos que as variações na dominância das narinas são algo previsível e normal na vida cotidiana, mas que a prática da meditação fica melhor quando as duas narinas fluem da mesma forma. Podemos ajudar isso a acontecer concentrando-nos no fluxo energético que passa pelo nariz. Os adeptos chamam de "estabelecer o *sushumna*", e, quando ele é bem-sucedido, a atenção se move para dentro em direção ao canal central que conduz desde a base do nariz até o centro entre as sobrancelhas e para baixo, ao longo da coluna vertebral.

Teoricamente, quando *sushumna* é estabelecido, as duas narinas seguem a condução da mente e começam a fluir de modo igual, mas na prática isso é quase sempre difícil de se conseguir. Uma narina pode estar entupida e não querer abrir. A outra pode abrir-se demais sem indicar qualquer moderação em sua atividade. Isso significa que nossa prática está fadada ao fracasso? É bom lembrar que o estabelecimento de *sushumna* tem muito a ver com a habilidade de permanecer concentrado na sensação de respiração e também na real alternância de dominância das narinas. Quando a atenção fica firme no fluxo central de energia ao longo da extensão do nariz, a meditação se aprofundará naturalmente. O ideal é que as duas narinas fluam igualmente, mas o ato de focar a atenção é o principal ingrediente dessa prática.

Uma prática inicial

- Sente-se ereto com os olhos fechados. Respire de cinco a dez vezes como se o corpo inteiro respirasse. Perceba as sensações de limpeza e nutrição a cada respiração. Pratique uma ou mais rodadas de *nadi shodhanam*, se quiser.
- Agora traga a atenção ao toque da respiração na narina ativa. Concentre-se na respiração conforme ela flui apenas pelo lado ativo. Mantenha sua atenção ali até que ela se estabilize e você consiga sentir a respiração sem interrupções. Permita que os pensamentos venham e se vão sem lhes dar energia ou atenção. Apenas mantenha o foco à respiração na narina ativa, deixando que o sistema nervoso relaxe.

- Em seguida, leve sua atenção à respiração na narina passiva. Sinta novamente o fluxo respiratório até conseguir manter o foco sem interrupção. Permaneça aí por mais tempo do que no lado ativo. Ao manter o foco, a narina provavelmente se abrirá.
- Por fim, mentalmente una esses dois fluxos em um único fluxo central. Inspire como se a respiração fluísse desde a base das narinas para dentro até o ponto entre as sobrancelhas (o chacra *ajna*). Expire, permitindo que a respiração flua do chacra *ajna* de volta até a base das narinas. Respire indo e voltando ao longo desse fluxo central conforme você relaxa aos poucos sua mente.
- Fique sentado quanto quiser, colocando a atenção no fluxo respiratório. Relaxe o corpo, a respiração e a mente.

Por fim

A respiração é um veículo para aprofundar a concentração e revelar fontes silenciosas de contentamento. Duas técnicas que podem ter efeitos de longo alcance são o *nadi shodhanam* e a respiração *sushumna*. Nessas práticas, os dois grandes esquemas de energia dentro do corpo/mente são coordenados, fazendo com que a atenção se concentre no fluxo central da respiração. Sustentando a percepção nesse fluxo central, inicia-se um processo de transformação que conduz a uma mente centrada e tranquila.

Capítulo 5

Meditação e Mantra

Na etapa final da meditação, a consciência é focada em um pensamento, um mantra. Esse é um refinamento de grande significado, pois coloca o objeto da concentração dentro da própria mente. Ele amplia a visão que temos de cada aspecto do funcionamento mental e cria um centro a partir do qual mesmo as energias sutis da mente podem descansar.

Há três processos sobrepostos que moldam esse estágio da meditação: a concentração, o desapego e a atenção plena.

É deles, em conjunto com uma exploração das principais funções da mente, que trata o capítulo "Conhecendo a Si Mesmo: a Meditação da Mente". Nele você aprenderá mais sobre os mantras específicos utilizados para meditar.

Em seguida, fazemos um apanhado do processo meditativo – "Prática Completa de Meditação". O capítulo começa com uma breve explicação de como concentrar a atenção no centro entre as sobrancelhas, no chacra ajna. Depois, apresenta uma orientação prática para a meditação, desde se colocar na postura sentada até a concentração por meio de um mantra.

"Colar de Pérolas: Usando um Mala" mostra como um cordão de contas, o mala, pode ajudar a aprofundar a meditação. Até as pessoas que a princípio não têm vontade de usar um mala quase sempre descobrem que ele é uma ferramenta satisfatória para meditação. Por fim, aos que desejam aprender a ficar mais tempo na postura sentada, o capítulo "Motivação para Meditar" mostra o caminho.

Conhecendo a Si Mesmo: a Meditação da Mente

A meditação lhe dá o que nada mais
pode lhe dar – ela apresenta você a si mesmo.
– Swami Rama

A mente é a lente por meio da qual vivenciamos o mundo à nossa volta, bem como o mundo interior. Porque funciona como fonte de inquietação, além de ser também o meio para obter a iluminação, é importante aprender a cultivar uma mente que contenha alegria, clareza e bem-estar. É exatamente isso que as práticas meditativas fazem. Elas tranquilizam a turbulência mental e revelam um contentamento interno silencioso. Ao longo do caminho, nutrem sentimentos de autoaceitação, fornecem momentos tranquilos para restaurar a esperança e a confiança, além de iluminar um estado de espírito sombrio.

Como vimos, o processo de meditação inclui uma variedade de aptidões, tendo como ingredientes principais aprender a sentar em postura confortável, respirar com o diafragma e relaxar o sistema nervoso. Mesmo assim, no fim das contas, é a própria mente que deve se tornar o foco da atenção, pois é principalmente ela quem molda nossa identidade e nosso destino. Para nos ajudar a trabalhar com a mente, o yoga apresenta uma intrigante análise do funcionamento mental, além de um sistema metódico de meditação. Vejamos o que isso significa.

Funções da mente

Se você sentar tranquilamente em uma cadeira confortável e fechar os olhos, logo começará a passar por experiências diferentes daquelas que vivenciou momentos antes. De olhos fechados e sentidos recolhidos, o terreno mutável da vida interior, uma paisagem vista apenas por você, revelar-se-á aos poucos. Se puder manter uma certa distância neutra a partir da qual pode observar esse mundo em mutação, você pode se surpreender pela forma como ele se remodela de um momento a outro. Cada imagem ou pensamento exige sua atenção; cada um tem sua própria relevância e importância.

A superfície mental, tela em que esse drama interno é registrado e trazido à consciência, é denominada *manas*, ou mente inferior. É esse aspecto da mente que coordena as impressões sensoriais e se engaja nos pensamentos e na imaginação cotidianos. Porém, apesar de levar prontamente a consciência aos eventos internos, esse aspecto da mente é incapaz de julgar-lhes o valor. Por isso, é descrito como "sempre em dúvida", uma luz capaz de iluminar as coisas que vêm antes dela, mas incapaz de atribuir-lhes valores.

A capacidade de atribuir valores às experiências é fornecida por uma segunda função da mente chamada *buddhi*. Essa palavra é muitas vezes traduzida como "intelecto", mas a tradução é quase sempre mal compreendida. Seu propósito não é sugerir que alguém é bastante intelectual, o próprio *buddhi* é a fonte de compreensão e conhecimento. Ele é invocado sempre que é preciso tomar uma decisão ou quando o valor de uma experiência deve ser pesado. Portanto, é chamado de "a mente superior".

Como veremos mais tarde, é o *buddhi* o que se desperta na meditação. Testemunha silenciosa da experiência, ele espelha na mente individual a presença subjacente da pura percepção. Portanto, é o *buddhi* que age como portal para a realização da consciência.

Há ainda um terceiro aspecto do funcionamento mental que nos dá o senso de identidade pessoal. É o *ahamkara*, o "fazedor do eu". É a função mental que individualiza a experiência, diferenciando um ser do outro e trazendo a sensação de independência que distingue cada um de nós.

Esses três – *manas, buddhi* e *ahamkara* – são todos aspectos conscientes do funcionamento psicológico. Mas, com os olhos fechados e os sentidos tranquilizados, emerge também uma quarta dimensão da mente. É o *chitta*, ou mente inconsciente, que age como armazém dos pensamentos latentes, padrões de hábito, desejos e emoções. Os conteúdos do inconsciente não ficam à disposição da mente consciente; entretanto, são ativos no molde de como vemos o mundo. Nas palavras de um poeta: "Não vemos o mundo como ele é, mas como nós somos".

Os padrões recorrentes de pensamentos e formas de responder ao mundo, armazenados na mente inconsciente, influenciam o que escolhemos ver e o que não ver. Nosso mundo é principalmente o mundo que fomos padronizados para ver.

Durante a meditação, as energias inconscientes são alçadas à percepção. Os pensamentos e imagens resultantes são pensamentos automáticos, incitados pela energia inconsciente. Nós quase sempre nos identificamos com eles e somos incapazes de nos distanciar deles. Nesses momentos, nós *somos* as preocupações com dinheiro, as chaves do carro que sumiram, o cabelo branco que surgiu antes do tempo e nos incomoda. Somos também as reações automáticas a esses pensamentos. E parecemos incapazes de ser qualquer outra coisa.

Mas existe uma alternativa. Ela começa com a determinação de se afastar do pensamento automático para testemunhar o fluxo de pensamentos em silêncio, sem reagir. A meditação pode nos ajudar a cultivar a firmeza interna, uma habilidade de permanecer consciente e estar presente no aqui agora, mesmo que nossa multiplicidade interna se movimente para todo lado. Dessa forma, podemos estabelecer um centro, um ponto de observação a partir do qual vemos a mente e suas operações.

Na meditação, a identificação com os conteúdos da mente é transformada. Pois, enquanto a mente nos fornece uma identidade que age como aparato psicológico, este oculta uma identidade mais profunda e central, uma que podemos conhecer. A meditação tranquiliza temporariamente os incessantes impulsos do pensar e do fazer, substituindo-os com a bem mais simples, embora rara, experiência de ser. Conforme meditamos, somos apresentados à presença silenciosa da consciência e é isso que nos retira de nossos hábitos automáticos, alivia a dor e nos enche de alegria.

Aprendendo a meditar

A prática da meditação é organizada de forma sistemática. Cinco coberturas ou revestimentos (*koshas*) velam o âmago de nosso ser. Comportam-se como as sombras sobrepostas de uma lâmpada, envolvendo a luz da consciência. Na meditação, viajamos para dentro, camada por camada, sendo assim atraídos cada vez mais para o centro do ser.

O processo começa com o corpo. Essa é a dimensão mais externa do eu. Ao monitorar e observar o corpo em meditação, imobilizamos nossa postura sentada e a deixamos confortável. Percebemos o que acalma a agitação física e aprendemos a descansar em meio a uma

os koshas

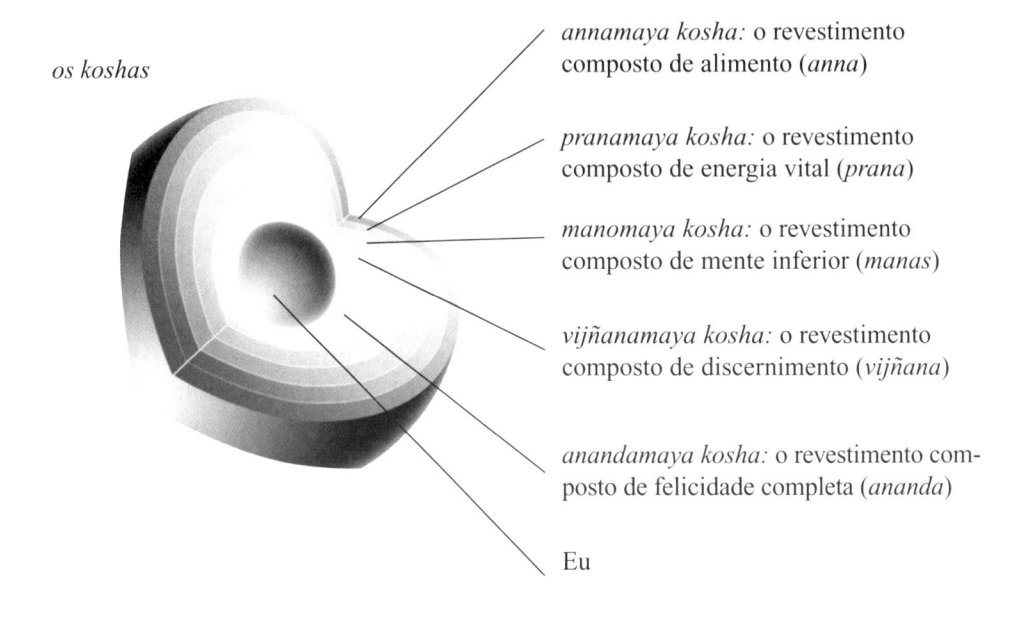

annamaya kosha: o revestimento composto de alimento (*anna*)

pranamaya kosha: o revestimento composto de energia vital (*prana*)

manomaya kosha: o revestimento composto de mente inferior (*manas*)

vijñanamaya kosha: o revestimento composto de discernimento (*vijñana*)

anandamaya kosha: o revestimento composto de felicidade completa (*ananda*)

Eu

sensação de tranquilidade. Com isso, o corpo serve como um alicerce sólido ao que vem a seguir.

Depois nos dirigimos ao campo de energia, ou *prana*, que fornece vitalidade ao corpo e à mente. Esse campo de energia é mantido principalmente pela respiração. Para administrá-lo, praticamos a respiração consciente, moldando aos poucos a respiração e tornando-a profunda e fácil. Com isso, a respiração sustenta nosso esforço interno, recolhendo-se gradativamente até o segundo plano da percepção.

Restam três revestimentos, cada um mais refinado que o anterior. Essas três coberturas são aspectos da mente e essas camadas, o foco principal da meditação. Dentre elas, a mais externa é a mente cotidiana, ou *manas*: o domínio das sensações, do pensamento e da percepção consciente do dia a dia, sobre a qual falamos anteriormente. Depois vem o revestimento identificado com o intelecto, o *buddhi*: o nível dentro de nós que torna possível discernir nosso senso de propósito e invocar os poderes da intuição. Por fim, resta somente um: *asmita*. Ele consiste no mais simples senso de eu individual, um eu tão livre dos revestimentos mais densos que é vivenciado como um sentimento de felicidade completa.

Dentro dessas camadas e para além delas, diz-se que há um estado de consciência pura. É a consciência perfeita, a consciência sem um objeto. Esse ponto de chegada nos chama ao longo das experiências em cada um dos cinco revestimentos.

Como vamos em direção a ela? Três estratégias fundamentais abrem o caminho: concentração, desapego e atenção plena.

Concentração

À primeira vista, pode ser desanimadora a ideia de que o sucesso na meditação depende da concentração. A maioria de nós não só se frustrou vez ou outra em seus esforços para se concentrar, como também achamos algo seco e intelectualizado. Mas há uma grande diferença entre se concentrar em resolver um problema, por exemplo, e a concentração meditativa.

A meditação nos mostra que *repousar* a mente em um foco é bem diferente de obrigar a mente *a* focar. Na meditação, as energias que se espalharam pelas tensões da vida diária são reunidas e um sentimento interno de plenitude é restaurado aos poucos. Na meditação, a concentração se desdobra facilmente. Ela fornece conforto e cura a uma mente exaurida pela aleatoriedade das atividades cotidianas.

É por essa e outras razões que a concentração costumava ser exaltada pelos profetas em tempos antigos. Por exemplo, Shankara, o brilhante filósofo indiano do século VIII, cantava louvores a ela no Upanishad Sahasri: "A obtenção do ponto único da mente e dos sentidos é a mais elevada das disciplinas. É superior a todas as outras práticas e a todas as outras disciplinas".

Vasishtha, o professor de Rama, dizia que os seres humanos podiam ser divididos em três categorias: os que ainda não descobriram a alegria da concentração, os que a estão praticando e os que obtiveram autorrealização por meio dela.

Normalmente, usam-se dois objetos para a concentração e cada um prolonga o movimento para o interior da consciência. O primeiro, como já vimos, é o toque da respiração nas narinas. O segundo, nosso foco aqui, é o som de um mantra.

Mantra

As duas sílabas da palavra *mantra* em sânscrito dão importantes pistas de seu significado. A primeira sílaba, *man*, significa "pensar". A segunda sílaba, *tra*, relaciona-se a uma raiz verbal que significa "proteger, guiar ou conduzir". Assim, um mantra é um pensamento que protege, guia e conduz. O mantra pode ser cantado em voz alta ou recitado em voz baixa, mas é mais eficaz quando se permite que reverbere na mente sem ser externalizado. A repetição interna acalma os pensamentos e aperfeiçoa a concentração.

Soham

O primeiro mantra usado na meditação é o mantra *soham* (pronuncia-se *so-ham*). Ele suaviza e foca a mente. Dizem que é o som natural da respiração, e trazê-lo à percepção fornece à mente um lugar de repouso durante a meditação.

Assim como acontece com outros mantras, em geral, não há uma tradução precisa do som *soham*. Mas podemos inferir seu significado se examinarmos suas duas partes. *Soham* é uma palavra composta, a união das palavras *sah* e *aham* (o som *so* é uma modificação do som *sah*). *Sah* é o pronome "isso" em sânscrito, mas nesse caso o "isso" não se refere a um objeto temporal, mas sim ao eu puro.

A palavra *aham* é o pronome pessoal "eu"; representa todos os poderes e forças que compõem a personalidade individual. Quando essas duas palavras são combinadas, podem ser traduzidas como "Eu sou isso" ou "Eu sou quem sou", afirmando que dentro de nós há uma identidade que transcende as *personas* temporárias do mundo externo.

O tema central do yoga é a jornada em direção ao ser. O mantra *soham* nos lembra dela, centrando-nos e ligando-nos diretamente a ela. Com a prática, esse processo de centramento manterá a mente em seu lugar, mesmo durante os períodos de estresse e tensão.

Meditação com o *soham*

- Sente-se em sua postura meditativa, de modo confortável.
- Feche os olhos e dirija a atenção para o toque da respiração nas narinas, observando-o por vários minutos. Sinta o toque refrescante da inspiração e o toque cálido da expiração.
- Conforme a respiração muda de direção, não perca o foco – nesse momento é muito fácil a mente vagar. Relaxe e siga a respiração, sentindo cada inspiração e expiração, bem como cada transição entre as respirações.

- Deixe que a sensação da respiração se torne um lugar de repouso para sua atenção e relaxe sua mente com suavidade.
- Agora recite em silêncio o mantra *soham* com a respiração. Inspirando, pense no som *so*... Expirando, pense no som *ham*... Permita que um som flua suavemente em direção ao próximo.
- Outros pensamentos vão e vêm, mas não são o foco de sua atenção. Apenas continue a seguir o fluxo da respiração nas narinas, deixando que o som *soham* flua por sua mente.
- Continue de cinco a dez minutos, deixando o som preencher o espaço de sua mente conforme você repousa a atenção nele.
- Quando sua mente estiver revigorada, ponha as mãos em cima dos olhos, abra-os devagar e direcione a atenção para fora de novo.

Essa prática simples levará você a um estado de espírito incrivelmente relaxante. Você terá consciência de outros pensamentos e imagens, mas, quando a mente ficar distraída, uma interioridade natural aos poucos o trará de volta ao seu foco. O som do mantra vai continuar na mente sem praticamente nenhum esforço. Isso é a concentração meditativa.

Um mantra pessoal

O mantra *soham* pode ser praticado por qualquer um. Nesse sentido, ele é classificado às vezes como "mantra geral", que pode ser usado sem precisar de permissão ou iniciação. Entretanto, isso não significa que sua prática seja menos eficaz por causa disso. Ele foi preservado por milênios e é um portal para a paz interior. Ele nos apresenta uma experiência bem diferente dos esforços para tornar a mente silenciosa (esforços que poderíamos pensar que ocorrem na meditação). Na meditação, a mente, que serve como instrumento de consciência, repousa no som do mantra e assim a consciência é religada (o sentido tanto da palavra "religião" quanto da palavra "yoga") à sua natureza mais profunda e permanente. Esse é o papel único e especial de cada som mântrico genuíno.

Entretanto, alguns mantras iogues são concedidos depois de um processo de iniciação individual. Ele se torna então o mantra pessoal do aluno (*guru mantra*), uma palavra ou frase revelada especialmente por um professor para o iniciado durante o processo de entrega do mantra. Após a iniciação, a energia do mantra guia e protege o iniciado. A repetição do mantra chama-se mantra *japa* e é o meio de entrar em etapas cada vez mais profundas da meditação. Dessa forma, a concentração conduz a uma transformação da percepção, um novo senso de ser.

Há outros mantras também usados na meditação. Os dois mais recitados são o mantra *gayatri*, de purificação e orientação espiritual, e o mantra *maha mrityunjaya*, de cura, rejuvenescimento e cuidados com o próprio ser. Esses mantras são relativamente longos, mas uma vez aprendidos são fonte de profunda inspiração e revigoramento. São apresentados aqui com a tradução.

O Mantra *Gayatri* (Um Hino para a Mãe Divina):	
om bhur, bhuvah, svah tat savitur varenyam bhargo devasya dhimahi dhiyo yo nah prachodayat	OM Em todos os níveis da vida interior contemplamos e meditamos sobre a luz solar radiante do Divino. Que ela guie nossos corações e mentes.

O Mantra *Maha Mrytyunjaya* (O Grande Mantra da Conquista sobre a Morte):	
om tryambakam yajamahe sugandhim pushti-vardhanam urvarukamiva bandhanan mrityor mukshiya mamritat	OM Nós meditamos sobre o eu interior; a doce fragrância da vida, que a tudo nutre. Da mesma forma como o cacho é liberto de sua ligação com a vinha, libertai-nos da doença e da morte, conduzindo-nos à imortalidade.

Desapego

O segundo grande tema da meditação é o desapego. Ele é a contraparte da concentração, um método para se dirigir às forças da personalidade que nos fazem perder o foco, tanto na meditação quanto na vida. Que forças são essas? Elas são o resultado, direto ou indireto, de somente alguns desejos básicos.

Um professor antigo listou os suspeitos de sempre: comida, bebida, poder, sexo e importância social. Os conceitos de apego e desapego nos lembram de que, quando esses anseios tão arraigados se tornam objetos de anseio, criam desequilíbrio na mente e perturbam também a tessitura da vida externa. O famoso ditado "comer para viver, não viver para comer" capta perfeitamente o sabor do desapego. Ele nos lembra de que os prazeres da vida exigem disciplina e promove a ideia de que a vida serve a um propósito mais elevado do que a autoindulgência. Em princípio, isso parece indiscutível.

Entretanto, para aqueles de nós que meditam regularmente, o problema do apego ao anseio causa perplexidade. Em um momento da meditação, temos vislumbres de profundo contentamento e tranquilidade – só para perceber que, momentos depois, entramos em um debate interno sobre qual filme alugar e se devemos pedir nossa pizza com ou sem cebolas. Nós nos vemos incapazes de interromper o colóquio mental. Essa justaposição entre tranquilidade e desejo é a regra, não a exceção. Nós vemos, mas não compreendemos nossos anseios.

O que faz do desejo um quebra-cabeça tão complexo é que, de alguma forma, ele parece atraente e até mesmo justificado por si só. Ao longo da vida, os objetos de apego vêm e vão. Quando crianças, ansiamos por doces, jogos animados, reconhecimento e atenção. Durante a adolescência, a sexualidade desperta e por décadas nosso mundo é transformado por ela. Na meia-idade, ocupamo-nos com a preservação da família, do trabalho ou da saúde. Conforme a morte se aproxima, ansiamos por conforto. Seja qual for o anseio, acreditamos que nossa felicidade está em realizá-lo.

Durante a meditação, toda a gama de desejos vem à tona, dos mais sutis até os mais passionais, desde um sincero desejo de melhorar o mundo até fantasias sobre uma vida totalmente diferente. Cada um surge na mente consciente a partir da força de nosso envolvimento emocional com ele. É exatamente nesses instantes que o desapego vem em nosso auxílio.

Quando surgem os pensamentos que distraem, o meditador trabalha com eles. Às vezes deixa que só atravessem a mente, indo e vindo sem que se lhes dê maior atenção. Em outras ocasiões, devemos brincar com eles um pouco, passá-los por nosso processo de pensamento. Mesmo assim, somos levados por outras distrações por algum tempo antes que consigamos endireitar a mente. Em cada um dos casos, percebemos a verdadeira natureza de nossos desejos: eles são parte de nós.

A essência de nossa estratégia para lidar com eles é a seguinte: tentar não os reenergizar erroneamente dando-lhes uma atenção nova e desnecessária. Isso é o que reduz seu poder de distrair, perturbar e confundir. Fazem parte da teia de energias mentais, mas dependem de nosso interesse neles para sobreviverem. Ao evitar conceder-lhes energia, podemos deixar que venham e vão sem que se fortaleçam.

Swami Rama às vezes explicava a seus alunos da seguinte forma: "Suponha que você esteja sentado perto de um copo de água. Você se sente atraído por ele, mas por alguma razão não seria sábio beber do copo. Sua mente o estimula a beber e o pensamento de fazê-lo o envolve". Ele continuava: "Reconforte sua mente. Apazigue-a. Diga, 'Sim, parece realmente delicioso'. Diga até mesmo 'Sim, você pode bebê-lo'. Mas não permita que sua mão toque no copo para levá-lo à boca. Dessa forma você verá a água e compreenderá o impulso de bebê-la, mas não energizará o comportamento. No fim, a vontade passa e você estará livre".

O processo é mais sutil quando acontece na mente, mas a abordagem básica continua a mesma. O inconsciente evoca um pensamento. O pensamento parece atraente e outros pensamentos associados ligam-se a ele para aumentar ainda mais seu prazer. Você testemunha o pensamento conforme ele entra em sua mente e imiscui-se nela, onde busca se expandir. Mas você não vai atrás dele. Você não traz o pensamento aos seus lábios mentais para beber dele. E, ao reter sua atenção dessa forma, o pensamento passa e você está livre.

O outro lado disso é que, ao cultivar o hábito do desapego, a experiência de manter uma concentração firme e unifocal é depositada no inconsciente. Ali se transformará em um novo padrão que dá apoio à sua meditação. O desapego e a concentração são os dois lados da mesma moeda, fato que se torna aparente quando os períodos de meditação ficam maiores e o aprofundamento da concentração torna a própria atitude de desapego mais fácil de sustentar.

Então, para que você não fique com a impressão errada sobre essa discussão acerca do desapego, devemos lembrar-nos de que o yoga não tem uma abordagem puritana com relação à vida, uma que trate os prazeres do mundo como tentações. Swami Rama costumava recitar um adágio que colocava as coisas em perspectiva. Ele dizia: "As coisas do mundo são suas para usar, mas não para possuir". Por meio de um aproveitamento hábil do mundo, o caminho do yoga desdobra-se tanto dentro quanto fora.

Atenção plena

O terceiro tema da prática da meditação é a atenção plena. Ela é o refinamento da percepção e toma muitas formas. Uma dimensão da atenção plena é capturada pela imagem de uma pessoa apoiada em uma sacada assistindo a um desfile que acontece na rua logo abaixo. Assim como um meditador testemunhando o fluxo de pensamentos, o observador testemunha o desfile, mas não participa dele.

Outra versão da atenção plena faz com que pensemos no processo de comer uma única uva-passa. Sentimos seu peso e textura conforme a seguramos entre os dedos. Observamos sua cor na palma de nossa mão. Recebemos as primeiras impressões dela conforme entra na boca e experimentamos a pequena explosão de doçura conforme mastigamos e finalmente a engolimos. Nessa versão da atenção plena, aprendemos a ocupar nossos sentidos, aprofundar a concentração e permanecer presentes no momento.

Mas ainda há outro aspecto da atenção plena segundo o qual esta seria um processo de recordar-se de si mesmo. Assim, alguém que está de dieta sabe a importância da necessidade de comer devagar e sentindo mais os gostos e texturas da comida; uma pessoa de temperamento explosivo sabe a importância da necessidade de manter as coisas em perspectiva; um atleta com uma lesão no joelho sabe a importância de não forçar ainda mais essa parte. Nesse contexto, a atenção plena não é uma questão de se policiar. É um processo de lembrar ao mesmo tempo quem somos e o que esperamos nos tornar. Isso dá segurança ao seu senso de propósito.

Qual é o tema por trás dessas múltiplas faces da atenção plena? A palavra *atenção plena* é tradução do termo *smriti* em sânscrito, que significa "trazer à lembrança" ou "evocar à mente". Ele descreve a experiência que faz parte de toda meditação. Em suas primeiras etapas, a atenção plena não é tanto um estado de ser, mas uma coleção de habilidades meditativas que podem ser aprendidas e praticadas, incluindo as habilidades de:

- Continuar no presente, em vez de viajar para o passado ou o futuro
- Testemunhar pensamentos e emoções que passam pela mente em vez de se identificar com eles
- Sentir a profundidade da emoção que desencadeou determinado pensamento e trabalhar com essa energia emocional com sensibilidade e paciência
- Reconhecer os diálogos críticos e julgadores que estabelecemos conosco e aplicamos a nossos pensamentos e sentimentos, deixando-os de lado em favor da autoaceitação
- Manter o foco da concentração, sabendo que ele é o antídoto contra ser atropelado pelo trem dos pensamentos

Como a chuva caindo no solo que contém a semente que espera para germinar, esses aspectos individuais da atenção plena nutrem a semente da meditação. Com o tempo, conduzem a uma mudança de consciência. Nela, o *buddhi* desperta e assume seu papel de observador silencioso, testemunhando a correnteza interna de pensamentos. Como uma memória que finalmente foi recuperada depois de muito tempo, a sensação de ser o objeto, a pessoa interna que testemunha a experiência tem finalmente a consciência restaurada.

Agora, embora os pensamentos continuem a ir e vir, como continuarão a fazer por um bom tempo, a concentração estará ancorada com mais firmeza. *Manas* é guiado como se houvesse algo próximo a ele fazendo isso, e a atenção plena aglutina-se na sensação de simplesmente ser. Nesse nível, a meditação é sua própria recompensa, oferecendo paz profunda e duradoura.

Uma imagem visual da meditação

A sincronia entre concentração, desapego e atenção plena pode ser ilustrada na forma de um *yantra*, uma representação gráfica. Nela há dois triângulos sobrepostos, um apontando para cima e o outro para baixo:

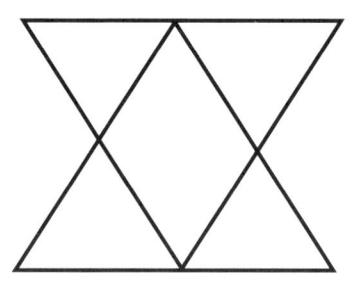

O triângulo apontando para cima simboliza a combinação entre concentração e desapego, disciplinas que conduzem a uma mente unifocal.

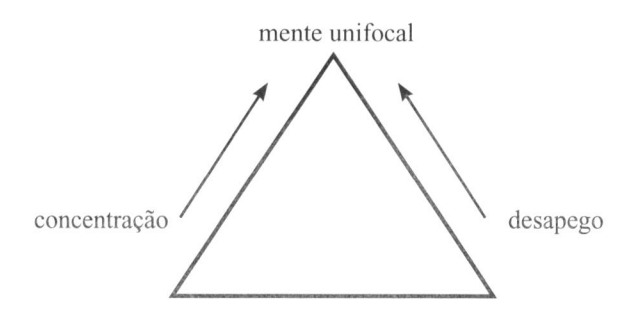

O triângulo com a ponta para baixo simboliza o desenvolvimento da atenção plena, processo em que *buddhi*, a testemunha interior, é despertada.

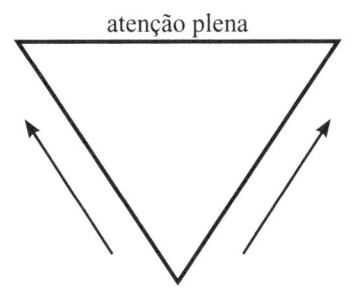

atenção plena

Quando os dois triângulos ficam completamente integrados, formam a conhecida estrela de seis pontas, imagem que simboliza o trono do Eu.

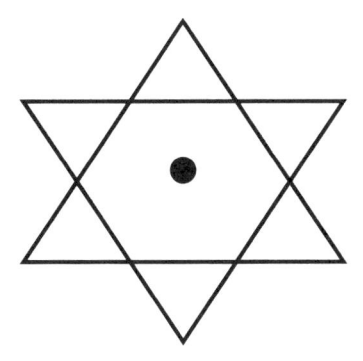

Essa imagem tão antiga ilustra a transformação do pensamento aleatório e distraído em um estado mental relaxado e concentrado (triângulo apontando para cima) e a transformação do esquecimento de si mesmo em atenção plena (triângulo expandindo-se para cima). Na essência desses dois processos, representado por um ponto no centro dos triângulos, está o poder transformador do Eu interior. A realização desse Eu é o chamado para a meditação, meta natural da vida humana e objetivo derradeiro da concentração, do desapego e da atenção plena.

Prática Completa de Meditação

Essa prática prosseguiu com devoção por um longo tempo e sem nenhuma interrupção ela se firma em seu alicerce.
– Yoga Sutra 1:14

Ao longo deste livro examinamos cinco componentes essenciais da meditação: as posturas sentadas, a respiração, o relaxamento, a respiração consciente e a concentração da mente dentro da mente. A última etapa deste trabalho é reunir todos os componentes em uma prática simples e direta – uma meditação que faça sentido intelectualmente, mas que traga alívio do excesso de detalhes. Conforme o tempo passa, a prática fluirá suavemente, tornando-se sua.

Um elemento final que pode ajudar. É uma continuação do processo de respiração *sushumna* que começamos antes. Usando a respiração consciente (dessa vez ao longo da coluna vertebral) com o mantra *soham*, conseguiremos fixar a mente em seu foco. Precisamos apenas rever a anatomia do canal *sushumna* para acrescentarmos essa etapa final em nosso processo interno.

Respirando ao longo da coluna

O eixo central de energia, *sushumna*, estende-se para cima desde a base da coluna. Quando ele alcança o centro das sobrancelhas, afirma-se que ela se divide em dois troncos. O da frente vai do centro das sobrancelhas até a base das narinas. Foi essa passagem que usamos para concentração em uma das primeiras práticas aqui descritas. Diz-se que o tronco traseiro do canal *sushumna* continua sua ascensão pelo eixo espinhal até o topo da cabeça.

Como a porção frontal de *sushumna* alcança a base das narinas, pode também servir como um portal *a partir* do exterior do corpo para o lado de dentro, até o chacra *ajna*, que é o centro das sobrancelhas. Viajando para dentro por essa parte, a atenção pode ser internalizada e levada ao eixo central da coluna. Foca-se então a consciência no eixo espinhal, onde desce e sobe com cada respiração.

Ao combinar o mantra *soham* com esse movimento ao longo da coluna, estabelece-se uma poderosa união entre corpo, mente e respiração. Na expiração, a consciência desce até a base da coluna com o som *ham*... Na inspiração, ela sobe pela coluna até o topo da cabeça com o som *so*...

O próprio canal *sushumna* é percebido como uma luz ou um fio de energia semelhante a um raio. Conforme a consciência viaja por essa passagem, o canal é limpo e a energia ao longo de sua extensão é fortalecida suavemente. Conforme você pratica, descobrirá que está mais naturalmente inclinado a sentar de forma ereta e seu poder de concentração aumentará.

Após descer e subir pela coluna por algumas respirações, com uma inspiração final a consciência é levada da base da coluna até o chacra *ajna*, o centro das sobrancelhas. Ali repousará enquanto você continua a respirar naturalmente. O centro das sobrancelhas é o lugar determinado para a prática do mantra *soham*. Enquanto você repousa ali, relaxe a mente no mantra e deixe que o som preencha sua mente.

Não há outras etapas ou preparações. Agora sua mente pode se mover cada vez mais para dentro na tranquilidade do mantra e a meditação se desdobrará ao máximo.

(Observação: Se você recebeu um mantra pessoal para meditação, é possível que lhe tenha sido indicado também outro centro na coluna onde deverá focar. Nesse caso, a expiração final ao longo da espinha deve ser no chacra que você normalmente usa para praticar. Quando estiver ali, inicie a repetição de seu mantra pessoal.)

O centro das sobrancelhas

"Onde é esse centro, exatamente?", você pode perguntar. Não há respostas a essa pergunta. Para localizá-lo de forma aproximada em sua cabeça, desenhe mentalmente duas linhas perpendiculares. A primeira se estende desde a base da coluna até o topo da cabeça. Todos os centros da coluna ficam nesse eixo. A segunda linha vai para dentro a partir do espaço entre as duas sobrancelhas. O lugar onde esta última linha cruza com o eixo espinhal é o centro das sobrancelhas.

Mas esse centro pode ser localizado também de uma maneira mais sutil. Isso se consegue sentindo-o como um lugar na mente, não como localização geográfica. Esse centro é o lugar na mente onde o pensamento fica pela primeira vez audível à percepção e no qual você pode ouvir sua voz interior.

Imagine uma sala grande e escura que está vazia, exceto por um único alto-falante de onde soa uma música. Os sons preenchem o espaço da sala cuja escuridão não permite ver o alto-falante, mas, se você relaxar e ouvir com atenção, aos poucos conseguirá determinar a localização do aparelho. É ali que este revela os sons de maneira mais clara.

A mente é esse espaço. Pensamentos surgem nela, como sons saindo de um alto-falante. O ponto em que um som se torna audível à percepção, de onde surge a voz interior, é o centro das sobrancelhas. É nesse lugar que o som *soham* emerge em sua mente.

Uma prática completa

Aqui, então, está uma meditação que combina todos os elementos meditativos essenciais e conduz a um foco relaxado no mantra *soham* no centro das sobrancelhas. Inicie sua prática incluindo os passos de 1 a 8; então pratique de 1 a 13; por fim, inclua todas as etapas. Com a prática, a meditação inteira fluirá com suavidade do início ao fim.

1. Repouse em sua postura de meditação.
2. Respire pelo diafragma e deixe a respiração ficar suave e contínua.
3. Relaxe brevemente desde a cabeça até os dedos dos pés, e destes até a cabeça. Libere as tensões enquanto continua a respirar suave e regularmente. Quando tiver retornado ao topo da cabeça, relaxe e respire como se todo o corpo respirasse.
4. Pratique uma ou mais séries de *nadhi shodhanam*.
5. Agora sinta a respiração nas narinas. Aos poucos estabeleça um foco relaxado ali. Deixe cada respiração fluir suavemente até a próxima e sinta as transições na respiração, bem como as próprias respirações.
6. Em seguida, relaxe a mente e comece a recitar o mantra *soham*. Durante a inspiração, deixe que o som "*so...*" ressoe por sua mente. Durante a expiração, ouça o som "*ham...*" Cada som flui pela duração da respiração inteira [como em "*sssooooo*" e "*haaaaammmm*"].

7. Não altere sua respiração para acomodar o ritmo do mantra. Deixe a respiração fluir em seu ritmo natural e ouça os sons do mantra como se a estivessem acompanhando.
8. Logo sua respiração relaxará, tornando-se um pano de fundo sutil para a concentração. O mantra ressoando em sua mente servirá como centro tranquilo de sua consciência.
9. Sinta brevemente a respiração fluindo por cada narina e então funda esses dois fluxos em um único fluxo central. Respire desde a base das narinas para dentro até o centro das sobrancelhas (o lugar em que o som do mantra surge) e deste de volta à base das narinas. Continue de cinco a dez respirações.
10. Em seguida, inspire até o centro das sobrancelhas e expire descendo até a base da coluna com o som *ham*.... Então inspire até o topo da cabeça com o som *so*....
11. Faça o percurso de ida e volta entre a base da coluna e o topo da cabeça de cinco a dez respirações (ou por mais tempo, se quiser). Você viaja para cima e para baixo sobre uma coluna de luz ou energia. Conforme se movimenta, descanse ouvindo o som do mantra.
12. Em seguida, com uma inspiração, suba até o centro das sobrancelhas. Repouse a consciência ali e permita que o som da respiração, *soham*, preencha sua mente.
13. Enquanto repousa no mantra, deixe os outros pensamentos irem e virem sem lhes dar muita energia – sem direcionar sua atenção a eles. Quando a mente vagar, não se condene ou critique. Apenas volte ao foco e repouse de novo no som do mantra. Aos poucos você descobrirá que seu esforço relaxa e sua atenção torna-se centrada.
14. Após alguns minutos repousando no som, você pode achar que consegue dar um passo para trás, para testemunhar sua mente, que está centrada no som do mantra. Este preencherá sua mente consciente e fornecerá um lugar de profundo relaxamento para sua consciência. Os pensamentos que distraem não o perturbarão tanto. E, mesmo enquanto os pensamentos continuam a ir e vir na mente, você perceberá uma tranquila mudança na percepção. Sentirá a presença de seu ser: a sensação de que você é a própria percepção; você é alegria.
15. Continue a repousar a mente no mantra e a meditar pelo tempo que quiser. Quando estiver pronto, saia devagar da meditação. Aprofunde a respiração e sinta o corpo da cabeça aos pés. Então abra os olhos, olhe para as palmas das mãos e depois estique os braços e as pernas.
16. Continue a praticar todos os dias, colocando sua atenção na respiração e no mantra.

Orientações para a prática de meditação

- Crie um ambiente agradável para a prática, que não esteja atravancado ou apertado demais.
- Pratique uma ou duas vezes por dia aproximadamente nos mesmos horários.
- As melhores horas para praticar são no início da manhã, no fim da tarde e antes de dormir. Pratique antes das refeições, não depois.
- Comece com dez minutos e aumente o tempo gradativamente até apreciar sessões de 15 a 20 minutos.
- Observe a capacidade de sua mente e não lute para ficar sentado por mais tempo do que sua mente estiver disposta.
- Reforce a prática com leituras e contemplação.

Colar de Pérolas: Usando um Mala

*O mala e a mente formam uma parceria;
eles se ajudam e se motivam.*
– Pandit Rajmani Tigunait

    Assim como a maioria das crianças, aprendi a rezar com gestos simples. Eu fechava meus olhos, abaixava a cabeça e às vezes dobrava as mãos de jeitos estranhos. Em algumas raras ocasiões eu me ajoelhei para rezar, mas isso era até onde ia meu repertório. O rosário nunca fez parte da tradição religiosa de minha família, e eu não compreendia o propósito de usar um deles. Na verdade, eu associava as contas com o colar de pérolas na caixa de joias de minha mãe, nada a ver com rezar.
    Mais tarde, quando comecei a estudar yoga, fiquei surpreso ao descobrir vários alunos usando colares de contas no pescoço. Eu percebia que alguns deles eram ornados, mas em grande parte eram feitos de contas simples de madeira, de sândalo ou pau-rosa, ligadas por fios coloridos e com franjas em uma das extremidades do cordão. Os colares lembravam rosários, de modo que por um tempo eu os ignorei, já que não tinham feito parte de minha criação. Porém, conforme meu universo espiritual se expandiu, o interesse pelas contas cresceu.
    Quando recebi um mantra pessoal, também ganhei um colar de contas, um mala, para uso pessoal. Isso despertou minha curiosidade e descobri que vários alunos em nosso centro de yoga tinham malas, mas simplesmente não os usavam. Quando era pronunciada a tranquila frase "vamos nos sentar para meditar", diminuíam-se as luzes, almofadas eram dispostas no chão e malas saíam de bolsos e bolsas por toda a sala. Parecia que o mala era uma ferramenta de meditação bem estabelecida.

O mala

O *mala* (palavra em sânscrito para "guirlanda") serve para contar o número de recitações de mantras completadas durante um período de meditação, uma repetição por conta. Ele também serve como sugestão física para a recitação de um mantra. Enquanto os dedos deslizam de conta em conta, a mente mantém o mantra em silêncio mesmo que outros pensamentos passem por ela.

O mala normalmente contém 108 contas (embora alguns sejam feitos com metade ou mesmo um quarto desse número). Uma conta adicional, a conta com franjas chamada conta *meru*, indica o começo e o fim de cada ciclo. Apesar das 108 contas, costuma-se considerar um ciclo completo apenas cem. Assim, oito "malas" equivalem a 800 repetições do mantra. Dar o crédito para apenas cem repetições por mala facilita a contagem e também reconhece o fato infeliz de que a mente fatalmente vagará durante parte da meditação (alguns dizem que as oito repetições extras são doadas em benefício de outros).

Os bons malas têm nós entre cada conta. Isso impede que elas se choquem, raspando no cordão (o *sutra*) e depois se separando conforme o cordão se desgasta com o uso. Se os nós estiverem muito próximos, o mala ficará rígido e será difícil pendurá-lo na mão. Já se os nós estiverem separados demais, as contas deslizam e desgastam o cordão. Então você descobrirá que um mala bem amarrado é tanto fonte de conforto quanto de conveniência.

As contas do mala podem ser feitas de vários materiais. Alguns são feitos especialmente para práticas meditativas específicas ou possuem propriedades únicas. Por exemplo, dizem que os malas feitos de semente de *rudraksha* ("olho de Rudra"), uma semente encontrada em poucos lugares do mundo, são apropriados especialmente para praticar mantras ligados a Shiva. Os malas de cristal ou zircônia podem ser usados para a prática do mantra *gayatri*, de purificação. O lápis-lazúli tem a reputação de remover doenças. Os malas de madeira podem ser usados para a maioria dos mantras, dão uma sensação confortável na mão e têm como vantagens a leveza e o fato de ser relativamente baratos. Escolher um mala adequado pode ser bom para sua prática, mas lembre-se de que vivemos em um mundo no qual os objetos adquirem propriedades milagrosas pelos esforços incansáveis de publicitários e marqueteiros, ou seja, o material do mala é bem menos importante do que a sinceridade e o foco com o qual você traz o mantra à mente.

Usando um mala

Os métodos para segurar e usar um mala que foram transmitidos ao longo de muitas gerações de meditadores. Sem reticência, a maioria dos praticantes mantém seu mala fora da vista e não deixa que outros o toquem acidentalmente. Mostrar o mala aos outros não é proibido. O mala é uma ferramenta, não uma relíquia. Mas o mala normalmente não é usado por fora das roupas nem exibido por aí. O motivo é que, após um longo período de prática, a associação entre o mantra e o mala torna-se tão forte que mostrar o objeto a alguém sem motivo parece inapropriado. Entre alguns praticantes, essa sensação é tão forte que, durante a prática, eles deixam a mão que gira as contas do mala dentro de uma sacola de pano (uma *gomukhi*). Para eles, ocultar o movimento da mão equivale a ocultar modestamente o movimento da mente.

Um de meus professores de meditação tinha uma postura de certa forma mais casual. Ele não ficava exibindo o mala, mas não tinha problema nenhum em sentar-se em uma postura para meditar na frente de outras pessoas. Eu me lembro de ter observado em várias ocasiões a mão dele girando as contas, momentos em que eu era então atraído para minha própria prática.

O mala é normalmente suspenso pelo dedo anular. O dedo do meio fica levemente para trás para criar um pequeno "V" com o anular. Enquanto o mala repousa nesse V, o polegar puxa o mala conta por conta. Às vezes é preciso usar o polegar para enganchar a conta e puxar o mala para a frente. Alguns praticantes usam a ponta do dedo do meio para ajudar no giro da conta.

Recentemente, experimentei trocar de mão – segurar o mala com a mão não dominante. A tentativa lembrou-me de como eu me senti atrapalhado quando comecei a usar um mala pela primeira vez. Eu às vezes deixava as contas escaparem, sentia-as escorregando descontroladamente por meus dedos ou até deixava o mala cair ao chão. Com paciência você consegue atravessar essa fase desajeitada e o esforço vale a pena. O movimento do mala na mão não só é um bom método para contar as repetições dos mantras, como também alivia tensões físicas e ajuda a manter a concentração conforme aumenta a duração das sessões de meditação.

Quando termino de usar meu mala, quase sempre o coloco em um pequeno pote de cerâmica que deixo perto de minha almofada de meditação. Minha esposa e eu já nos divertimos bastante escolhendo recipientes para nossos malas e mudar de vez em quando dá um novo prazer ao ritual de utilização. Para viagem, tenho uma pequena sacola de seda que o prende bem. Eu quase sempre levo a sacola ou o mala solto no bolso para poder usá-lo no carro ou no avião. E deixo um de reserva no que deveria ser o cinzeiro do carro, para o caso de algum engarrafamento inesperado. Recentemente comecei a guardar um junto ao meu kit de barbear, pois às vezes esqueço meu mala em casa.

Contando

O mala não é o único método tradicional para contar repetições dos mantras. Se estiver contando números relativamente pequenos de repetições, poderá tocar com a ponta do polegar as três divisões dos dedos do meio, anular e mindinho. Veja na foto a seguir esse esquema de contagem. Suponha que você decidiu repetir um mantra 21 vezes. Siga o esquema nos dedos e conseguirá acompanhar o número desejado. Observe que cada série pelos dedos o trará de volta ao espaço central do dedo do meio, de onde então recomeça a contagem.

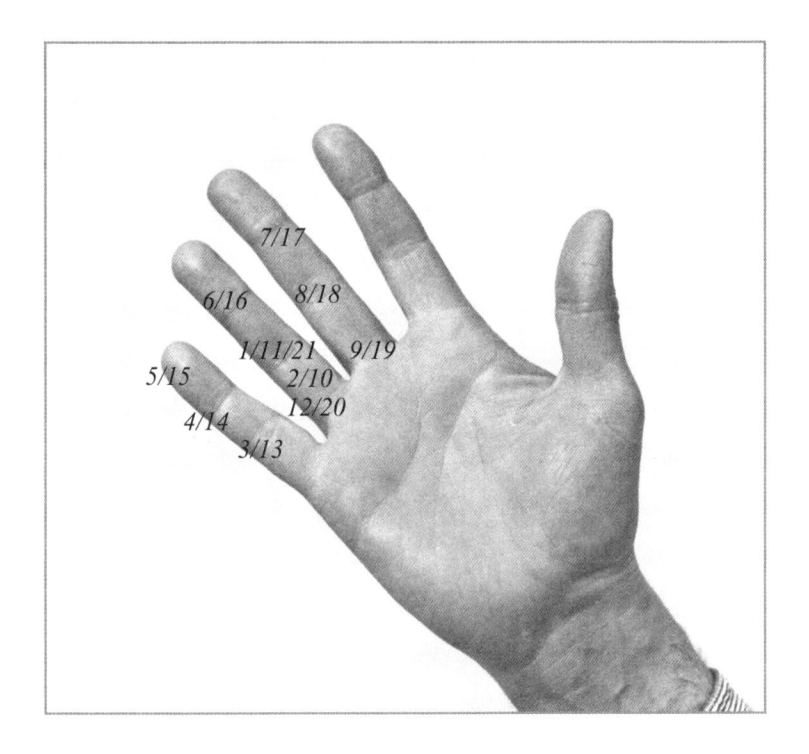

Trabalhoso demais?

Tudo isso pode soar um pouco tedioso, principalmente se a própria ideia de repetir um mantra for nova. Mas esses detalhes que parecem ritualísticos apenas organizam seu esforço de concentração. O objetivo é pôr o mala a serviço de sua prática. Quando tiver feito isso, o próprio mala será mais ou menos como sua melhor caneta: um implemento, de fato, mas também um símbolo. Assim como a caneta simboliza suas aspirações de comunicar pensamentos bons e bem articulados, o mala simboliza a forma mais sutil de prática de yoga, a reza silenciosa ou repetição do mantra conhecida como *japa*.

A palavra *japa* significa a repetição de um mantra, e, portanto, outro termo usado para o mala na meditação é *japa-mala*. Os dois elementos do mala (contas e cordão) representam os objetivos do *japa*.

As contas são as sementes que brotarão e crescerão, tornando-se um conhecimento maduro do Eu. O cordão é a força unindo todos os seres, ligando cada indivíduo à consciência universal, fonte da vida.

Em razão das associações com os objetivos da prática, durante sua utilização o mala às vezes é segurado próximo ao centro do coração. Ali ele engendra um sentimento de devoção. Outras pessoas repousam a mão com o mala sobre a coxa. Isso reduz a tensão no braço, principalmente durante os períodos longos de meditação. Nesse caso, colocar um tecido embaixo do mala para protegê-lo do chão é uma forma simbólica de mostrar respeito por ele. É você quem decide se esse ritual o ajuda.

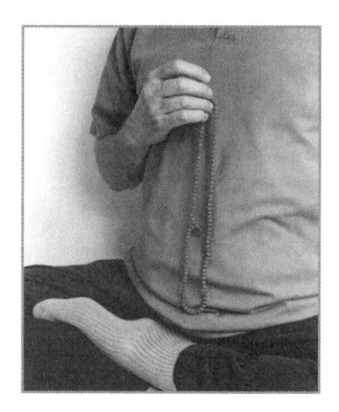

o mala segurado próximo ao coração e na coxa

A conta *meru*

A conta com franja chamada conta *meru* também é simbólica. Ela representa o estado de consciência transcendental, o objetivo principal da prática. Por causa desse simbolismo, até mesmo a pessoa que fabrica o mala dá atenção especial à conta *meru*. Os nós que a ligam às outras contas é mais elaborado que os nós que unem cada conta à seguinte, e o cordão franjado ligado à *meru* (às vezes denominada conta "guru") é uma referência ao chacra do topo da cabeça, ápice da realização espiritual.

Por convenção, após completar um ciclo em torno do mala, você não passa pela conta *meru*. Em vez disso, reposicione o mala e retorne na direção contrária. Assim como Penélope, esposa grega dedicada do herói Ulisses, espertamente tecia e depois desfazia o tecido enquanto esperava que o marido voltasse da guerra, o meditador trança o mala: primeiro em uma direção e depois na outra, de modo a nunca completar a tarefa.

Na prática, é um pouco difícil fazer essa mudança de direção sem usar as duas mãos. O mala pode escorregar de seus dedos de vez em quando. Mas, ao segurar a última conta com o polegar e o dedo do meio e depois deslizar o dedo anular para fora e reverter a direção do mala antes de trocar de conta, você fará a mudança de direção de forma bem suave. A última conta agora se torna a primeira e de novo o *japa* começa.

Colar de pérolas

No fim, o movimento do mala segue a mente e não o contrário. Enquanto recita o mantra, você não fica esperando que a conta seguinte seja girada; em vez disso, combina o tempo do movimento das contas com a reverberação do mantra na mente. O mala ganha, assim, um significado espiritual por simbolizar a pulsação mental de um som eterno. Cada som é a verdadeira pérola.

Motivação para Meditar

Esqueça o passado. A conduta humana será sempre duvidosa até que o homem esteja ancorado no Divino. Tudo no futuro melhorará se você realizar um esforço espiritual agora.
– Sri Yukteswar

"A mente é de fato a causa do aprisionamento e da libertação", dizem as escrituras iogues. Por essa razão, elas afirmam que a meditação é a ferramenta mais importante que o yoga tem a oferecer. Mas cada pessoa decide o tempo que dedica à prática e, para a maioria de nós, trata-se de um gosto adquirido que se desenvolve lentamente. Só quando progredimos em nossa prática o ato de tranquilizar a mente se torna cada vez mais satisfatório.

Se você já medita, pode gostar da possibilidade de aumentar o tempo na postura de meditação. Períodos mais longos acalmam o sistema nervoso e estabelecem uma mente mais centrada e tranquila. É possível que você já tenha feito meditações que duraram bem mais do que o tempo costumeiro. E talvez você queira transformar esses períodos mais longos em regra, em vez de exceção.

O problema está na execução. Conforme as meditações se prolongam, é provável que aquela velha dor no joelho volte ou que aquela parte de sua mente que tem o resto de você como refém quando se sente ameaçada por tudo o que não seja o *status quo* ("Para que serve isso, afinal?", pensa ela). Em casos assim, as meditações de maior duração não se mostram, de modo algum, melhores.

Os textos antigos descrevem sábios que meditavam por períodos incrivelmente longos de tempo sem desconforto aparente nem perda de atenção. Houve o menino santo Prahlada, por exemplo. Após a morte de seu pai-demônio, ele refletiu: "Ó ser, tu és a fragrância na flor conhecida como corpo (...). Eu louvo a ti, ó ser que se manifestou como universo ilimitado. Louvor ao ser que é a paz suprema". Após contemplar assim, Prahlada entrou no estado em que não ocorre absolutamente nenhuma modificação na mente, apenas um arrebatamento supremo, nunca perturbado pelos movimentos do pensamento. Ele se sentou onde estava e ali ficou como estátua. E passaram-se mil anos...

Agora, com certeza mil anos de meditação não é nossa meta. É difícil para nós imaginarmos até mesmo o que significam mil anos meditando. No momento, qualquer coisa além de dez ou 15 minutos pode parecer um desafio. Haverá esperanças para a aspiração mais modesta de aprofundar-se um pouco mais em direção à tranquilidade?

A resposta é sim. Aumentar seu tempo de meditação para meia hora ou até mais é algo que se pode almejar. Uma meditação que dure tudo isso tranquilizará a mente e trará um nível mais acentuado de autoconsciência. Mas como chegar aí? A resposta é que isso exigirá algum trabalho consigo mesmo – um projeto cujo esforço vale bastante a pena.

Encontre a motivação

Primeiro você precisa de motivos sólidos para querer ficar mais tempo meditando, de uma motivação para manter a prática. Tenha em mente estes três temas:

- Limpeza
- Fortalecimento
- O Contentamento de Ser

Limpeza. Lembra de como é agradável sair do banho e vestir roupas limpas? Meditar por mais tempo traz uma mesma sensação de limpeza, mas só na própria mente. Esta é revigorada conforme se despe de seus apegos. As preocupações mentais não são pedras preciosas a ser guardadas e exibidas na primeira oportunidade. Seu odor, o peso que colocam sobre nossas energias emocionais e cognitivas, pode ser lavado diariamente e daí se veste uma nova mente. Com períodos maiores, o processo de limpeza vai mais fundo nos locais da mente que normalmente ficam ocultos.

Recentemente conversei com um amigo que teve uma série de problemas com um carro. Não poderíamos criticá-lo por ficar nervoso. Seu carro relativamente novo precisou de consertos caros, causando consideráveis inconveniências. Mas em nossa conversa ele se expressou com o tipo de equilíbrio que eu sabia vir da meditação. Como resultado, conseguiu relatar sua história sem ficar bravo nem se deixar levar pela raiva. E, embora ele tenha apreciado o fato de poder desabafar comigo, ele não precisava disso para ficar em paz com sua situação.

Um dos grandes livros de referência do yoga, o *Yoga Sutra* de Patanjali, descreve isso de modo mais sistemático. Ele diz que, quando a mente não está focada, ela se identifica com os cuidados e preocupações que passam por si, ficando então sobrecarregada com seus próprios apegos. Porém, após a meditação, esses apegos parecem menos pesados e a vida interior segue menos tensa pela infindável repetição de preocupações.

Fortalecimento. Da mesma forma como o músculo é fortalecido pelas repetições de determinado movimento contra uma resistência, a mente é fortalecida se nos concentrarmos por períodos maiores. A resistência à meditação vem do hábito mental da inquietude, justamente o que será tranquilizado com períodos maiores de meditação.

Quando surgem os pensamentos que distraem, é melhor deixar que venham e vão sem alimentá-los, mantendo o foco ou retornando a ele se a mente vagar. Mas, assim como adormecer, na meditação é muito comum adormecermos com relação ao nosso foco. Os períodos mais longos nos dão a oportunidade de observar esse processo e fazer melhorias.

A força de nosso desapego é proporcional à força de nossa habilidade para manter uma concentração interna relaxada. Ao fortalecê-la, adquirimos uma habilidade maior de diferenciar os pensamentos que distraem (ou suas energias sutis) e os pensamentos que dão apoio ao foco meditativo. Isso não é projeto para uma meditação de cinco minutos; demora. De outro modo, é provável que as energias de nossas distrações é que se fortalecerão, não as da mente em si.

O Contentamento de Ser. Reconhecidamente, apesar desses desafios, todos nós já passamos por momentos em que a meditação pareceu vir fácil, quando a concentração logo se estabeleceu em um padrão e somos tomados por uma alegre sensação de entrega. Na calmaria que se segue, surge o contentamento de ser.

Esse contentamento é a terceira motivação para ficarmos mais tempo na meditação. Isso nos dá tempo para retornar a um silencioso estado de ser. Não é uma experiência de êxtase, mas uma que surge do processo que acontece dentro da própria mente. A concentração, o desapego e a atenção plena são as forças dinâmicas por trás dele. A presença da mente é seu fruto. Você pode ter mais disso simplesmente concedendo-lhe um pouco mais de tempo.

Seus Joelhos. Sim, ao longo do caminho você terá de descobrir o que fazer com esses joelhos, provavelmente com a lombar também. A paciência ajuda. Anos atrás, após uma cirurgia, eu não conseguia me sentar de jeito nenhum com os joelhos dobrados. Ao longo dos seis meses de recuperação necessários para que eu voltasse à minha posição de pernas cruzadas, eu me sentava em uma cadeira. Swami Rama sempre dizia que o importante era a posição da cabeça, do pescoço e do tronco, não a posição dos quatro membros. Acolhi de coração esse conselho.

Entretanto, se seus joelhos deixarem, é possível trabalhar com eles de várias formas. Há posturas que ajudam a criar mais flexibilidade e incluem posições que alongam os quadríceps e adutores ou que abrem os quadris. As posições que aproximam as coxas do corpo são particularmente úteis, assim como a postura da borboleta praticada com as costas apoiadas em uma parede. Resista à vontade de escolher uma postura que tenha uma "aparência boa", mas que na verdade é desafiadora demais. É preciso sentar-se em uma postura confortável em vez de em uma que se torne dolorida bem antes de você estar preparado para terminar a meditação. Se for cansativo sentar-se de pernas cruzadas, considere colocar mais almofadas. E não se constranja de mudar as pernas no meio de uma meditação mais longa para parar incômodos ou dores.

Para aumentar a tolerância em sua postura, sente-se nela em outras ocasiões: ao assistir à TV ou comer, por exemplo. Faça seu trabalho de escritório em uma mesa que lhe permita sentar no chão. Não se esqueça de apoiar a parte de trás da pelve com uma almofada. Sentar-se no chão sem nenhum apoio exige demais da lombar, principalmente quando os joelhos são elevados.

Por falar na lombar, lembre-se de praticar posturas assim como a postura do bastão sentado, a postura do barco virado para baixo e a postura da cadeira (*utkatasana*) para conquistar mais força nessa parte do corpo. A energia da coluna vertebral recrutará os músculos de que ela necessita para sentar-se ereta, logo que você os tiver fortalecido. Mas, até isso acontecer, continue praticando.

Use um mala

Se você usa um mantra pessoal para meditação, então um mala será de grande valor. Seu uso traz a atenção para longe das distrações físicas e mentais e, o mais importante, é uma medida de sua capacidade mental.

Os meditadores experientes sabem quantos malas podem ser completados com conforto em uma sessão de meditação e trabalham com essa quantidade. Normalmente eles mantêm o número de malas inalterado e preferem refinar suas habilidades de concentração, mas às vezes também acrescentam contas ao número de malas completados. Assim, o mala tira sua mente do relógio, fazendo-a retornar à sua prática.

Hora e local

Criar um ambiente agradável para a meditação o atrairá para ela. Refletirá também a alegria que você tem com ela. Você pode colocar as almofadas de modo convidativo e definir um espaço reservado somente para a prática de meditação. Alguns meditadores chegam até a ter uma sala pequena só para isso. Permita que seu gosto interno o oriente na organização do espaço.

É praticamente impossível aumentar o tempo de meditação sem meditar com regularidade. Algumas pessoas descrevem a meditação por longos períodos de tempo (seis, ou até mesmo dez horas por dia) como um tipo de retiro de meditação, mas em outros dias simplesmente ficam sem meditar. E os longos períodos de tempo que descrevem costumam ser períodos de prática sem foco, expedições em direção a lugares estranhos da psique que emergem quando a mente é desafiada pela falta dos apoios psicológicos normais. Isso é inútil.

Apenas sente-se todos os dias. Escolha um momento antes do café da manhã, se possível. Se não, escolha um momento que lhe permita se livrar das obrigações por meia hora ou mais. Embora alguns tenham preocupações com relação a meditar antes de dormir, dizendo que a prática os manterá acordados, esse não parece ser o caso. Você pode meditar tanto de manhã quanto à noite.

Como o que você faz em seu dia determina o que você se tornará, se quiser ser um meditador, a meditação diária o tornará um. Se mantiver horários diários regulares, sua meditação naturalmente se desenvolverá e se prolongará.

Aprenda mais

Tempos mais longos de meditação fazem sentido quando você se empenha ativamente no aprendizado do processo de meditação. Comece lendo as palavras das escrituras e dos professores que você respeita e que já escreveram sobre as próprias experiências. Continue buscando sábios e professores para ouvir o que eles têm a dizer e contemplar sobre suas palavras. E, por fim, medite. A meditação é o experimento que traduz a teoria em conhecimento de primeira mão. É com a realização do trabalho interno da meditação que os conceitos abstratos sobre a verdade se tornam realidades.

Os textos iogues nos lembram que a "ignorância não será eliminada pelo conhecimento pela metade, assim como não haverá alívio contra o frio se você se sentar próximo à pintura de uma fogueira". Buscar a verdade não é uma questão de pensamento racional. É uma experiência interna. Mais um bom motivo para fazer amizade com seu local de meditação e trazer à vida os fogos da consciência, sentando-se perto deles por um pouco mais de tempo.

O Estudo do Eu: *Svadhyaya*

*De todas as energias do Universo, a consciência
é a mais dominante, aquela a partir da qual todas as outras prosse-
guem e na qual todas elas se fundem.*
– Swami Rama

Neste livro, examinamos em detalhes cada um dos estágios de meditação, ou seja, aprender a sentar, respirar e repousar a percepção em um foco. Também conseguimos tratar de partes do arcabouço teórico que acompanha a prática meditativa, embora em geral isso tenha tido menos importância. Antes de concluirmos, entretanto, ajudará se abrirmos um pouco mais as portas da filosofia iogue.

Podemos fazer isso explorando brevemente um dos *niyamas*, o "autocontrole" do yoga. Aquele que tem particular interesse para nós é *svadhyaya*, o estudo do eu, o quarto *niyama*. Se prestarmos atenção, ele nos direcionará à meta final da meditação e trará a jornada destes capítulos a um fim.

Svadhyaya

Assim como acontece com muitas palavras em sânscrito, o termo *svadhyaya* possui uma história mais rica do que o que se pode depreender da tradução para o português. A expressão "estudo do eu" é, aparentemente, bastante precisa. A primeira parte da palavra, *sva*, significa "eu". A segunda parte, *dhyaya*, deriva da raiz verbal *dhyai*, que significa "contemplar, pensar sobre, rememorar ou evocar à lembrança". Assim, ela funciona para traduzir *dhyaya* como "estudo" – o estudo do próprio eu.

Mas os ocidentais carregam uma certa bagagem junto com o conceito de estudo do eu. No Ocidente, o estudo do si mesmo está associado à busca pelas origens da personalidade de um indivíduo. Essa análise de nossos pensamentos, sentimentos, associações e fantasias, entretanto, nada tem a ver com *svadhyaya*. Para chegar ao verdadeiro significado da palavra, temos de nos aproximar dela por outro ângulo.

A natureza do Eu

A importância de *svadhyaya* se mostra na tradicional imagem didática do oceano e suas ondas. Cada onda, viajando pela superfície do mar, pode ser relacionada a um ser individual. Cada uma se distingue das outras por sua localização no espaço, bem como por outras qualidades como forma e cor.

Mas a substância de cada onda é o próprio mar. As ondas e a substância a partir da qual elas emergem são uma e a mesma. Como as ondas individuais fazem parte do mar, à medida que surgem e desaparecem elas não aumentam nem diminuem a imensidão de água da qual vieram. Uma onda nunca é outra coisa senão o próprio oceano, embora ela tenha sua identidade individual enquanto se manifestar na superfície do oceano.

A premissa de *svadhyaya* é parecida. Diz-se que, tal como as ondas do mar, a percepção individual nunca está separada da consciência infinita de onde vem. As mentes individuais têm qualidades, preferências e colorações distintas, mas não são inteiramente autônomas. Cada mente é uma onda em meio a uma vastidão de consciência.

A meta de *svadhyaya* é trazer a experiência dessa imensa Consciência, o Eu, para a percepção (colocamos em letra maiúscula as primeiras letras dessas palavras para separá-las da consciência e da autoidentidade comuns). Assim como poderíamos teorizar que um dia uma onda poderia descobrir sua natureza aquosa, da mesma forma um ser humano poderia descobrir a profunda consciência que é a substância de sua percepção individual. A essência de *svadhyaya* é justamente esse processo de autodescoberta.

Mas dizer que a Consciência pode ser trazida à percepção, ou então "conhecida", não significa que o Eu seja um objeto, como um livro ou um pedaço de fruta. Nunca poderemos afirmar que nos deparamos com o Eu assim como nos deparamos com algumas moedas caídas em um estacionamento. Da mesma forma como a onda não pode ter o oceano, o Eu não pode ser possuído pela percepção individual.

Em vez disso, o Eu deve ser vivenciado como a base profunda da percepção individual, e isso só é possível quando a mente se volta em direção à sua própria natureza subjacente, experimentando-se como o sujeito da consciência, não como o objeto. Os sábios afirmam que nós *somos* o Eu e que "estudá-lo" é conhecê-lo aos poucos. Falando de maneira geral, então, poderíamos dizer que todo yoga leva a *svadhyaya*, mas determinados métodos específicos estão associados a ele de forma mais próxima. As técnicas específicas para se obter conhecimento empírico são coletivamente denominadas *svadhyaya*.

Equivalentes ocidentais

O conceito de *svadhyaya* não se limita ao Ocidente. Em cada época e lugar, no Oriente ou no Ocidente, houve poetas, místicos e astrólogos que exploraram suas ramificações. Shakespeare abre o Soneto 53 com os seguintes versos intrigantes:

De que substância foste modelado,
Se com mil vultos o teu vulto medes?
Tantas sombras difundes, enfeixado
Num ser que as prende, e a todas excedes.

Se interpretarmos a palavra *sombra* como se referindo a almas humanas individuais, então Shakespeare nos retrata a todos como estranhas sombras que somente de forma escura revelamos a luz que mora dentro de nós. Então, parafraseando Shakespeare, poderíamos nos perguntar qual é a substância em que cada alma individual tem sua existência? Como vimos, essa é a pergunta essencial de *svadhyaya*.

Walt Whitman, em seu *Leaves of Grass*, também evoca o conceito de *svadhyaya*, mas com imagens diferentes. Whitman fala em primeira pessoa, mas ainda assim na voz do infinito. Aqui estão alguns versos de "Song of Myself":

Eu celebro a mim mesmo, eu canto a mim mesmo
E o que pressuponho, deves também pressupor,
Pois cada átomo pertence a mim como o bem pertence a ti...

Eu mesmo seguindo adiante então e agora e para sempre,
Colhendo e mostrando mais, sempre e com velocidade,
Infinito e múltiplo...

Eu não sou a terra ou um adjunto da terra,
Eu sou o amigo e companheiro das pessoas,
Todas tão imortais e inescrutáveis como eu
(elas não sabem quão imortais, mas eu sei).

Em seu estilo característico e aberta inocência, Whitman proclama aqui que a sua é uma alma cuja bússola é universal. Ela fala de si mesmo como se fosse ao mesmo tempo as ondas e o mar, simultaneamente abraçando ambos. Essa é a visão de *svadhyaya*.

Repetição interna

Como pode uma visão dessas fazer parte de nossa prática diária? Uma tradução alternativa da palavra *svadhyaya* nos diz que a palavra significa "recitar, repetir ou reensaiar a si mesmo". Assim, *svadhyaya* consiste em imprimir repetidas vezes na mente a ideia de Consciência infinita, retornando de novo e de novo a uma visão intuitiva dela. Isso se consegue com recitações contemplativas (normalmente tiradas de textos sagrados) e da meditação com um mantra (mantra *japa*). Isso traz uma visão cada vez mais transparente do Eu.

O modo como incorporamos essas práticas em nossa disciplina diária depende da natureza de nossa mente. Quando ela está relativamente clara, quando não está distraída por pensamentos conflituosos, nem perturbada por apegos ou aversões, ela revela mais prontamente o Eu. Nessas horas ela é *sattvica,* repleta de *sattva* (o princípio da clareza e da unidade mental). Esse estado da mente conduz naturalmente às práticas *svadhyaya*, pois permite que a experiência da percepção do Eu permeie com facilidade a mente.

Porém, quando a mente está distraída com desejos e envolvimentos mundanos, é denominada *rajas* (o princípio da atividade). Os elementos rajásicos da mente precisam ser disciplinados regularmente para adquirirem um gosto pela contemplação e pelo *japa*. Isso significa estabelecer um padrão de prática e, dentro do bom senso, ater-se a ele, mesmo quando a mente reclamar e resistir.

Quando a mente for sombria e insensível à própria natureza subjacente, não é possível haver suficiente conhecimento do Eu. Nesses momentos, a mente está repleta de *tamas* (o princípio da obscuridade). Então será necessária uma prática preparatória a partir de toda a gama de disciplinas iogues para preparar o caminho até *svadhyaya*.

Recitações contemplativas

Há mais de três milênios os poetas da era védica falavam do Eu como Aquele que reside nos muitos, denominando-o *Purusha* (a Pessoa Cósmica) e descrevendo-o como um ser de "incontáveis cabeças, incontáveis olhos e incontáveis pés". Dentre os hinos védicos está o *Purusha Sukta* (o hino dedicado à Pessoa Cósmica), um dos principais textos sagrados da tradição *svadhyaya*. Os primeiros três versos, a seguir, podem ser usados para contemplação.

> *OM Com incontáveis cabeças, incontáveis olhos e incontáveis pés,*
> *Movendo-se, mas mesmo assim sendo o fundamento de tudo,*
> *A Pessoa Cósmica está além do alcance dos sentidos.*

> *Ela é isso tudo, tudo o que já foi, tudo o que será.*
> *É o Senhor da Imortalidade que Se expande na forma de alimento.*

> *Tal é Sua glória, e mesmo assim a Pessoa Cósmica é mais.*
> *Uma parte Dela é a Criação,*
> *E três partes estendem-se além como Sua luz ilimitada.*

Esse hino fala do Eu como um dentre muitos que vê através dos infinitos olhos dos seres criados; não é limitado por tempo ou espaço; é a essência do processo de manutenção da vida (alimento para todos); e mesmo assim cuja natureza é só parcialmente tomada por tudo isso. A contemplação dessa presença, ou seja, pensar e agir como se ela existisse, buscando conhecê-la, embora não possa ser vista ou ouvida por meio dos sentidos, é o primeiro estágio de *svadhyaya*.

Meditação com mantras

É na meditação com mantras que *svadhyaya* (a recitação interior, em silêncio) frutifica por completo. A repetição do mantra ancora a mente em um pensamento, um som fecundo da presença do Eu. Vyasa, o grande estudioso do *Yoga Sutra* de Patanjali, confirma isso em seu comentário sobre o sutra 2:2. Ali ele diz que *svadhyaya* significa a repetição de mantras purificadores. E em seu comentário sobre o sutra 1:25, ele observa que há uma ciência de tais mantras, "um conhecimento particular do nome do Eu". Esse conhecimento está no cerne de *svadhyaya*.

De acordo com essa tradição, entregam-se mantras aos alunos para proteção e orientação. Eles são recitados na mente. Mas, paradoxalmente, são fonte de silêncio interior, pois quando um mantra permeia a mente tudo o mais se torna silencioso. O verdadeiro silêncio na meditação não é a mente esvaziada dos pensamentos. É a misteriosa experiência da mente repleta com a pulsação do mantra.

Use o mantra *soham* para começar. Isso o ajudará a tranquilizar a mente e despertar a testemunha interior, pois *soham* significa "Isso... Eu Sou; O Eu... Eu Sou". A repetição do *soham* é o primeiro passo para trazer a prática de *svadhyaya* à realização completa.

Últimas palavras

Com seu jeito intimista próprio, Walt Whitman nos apresenta alguns elementos finais de *svadhyaya* para nossa contemplação. Mais uma vez, em "Song for Myself", ele declara que o Eu não está fugindo nem lutando para manter a verdade longe de nós, nem está alheio a nossos esforços por um autoconhecimento. Em vez disso, ele nos diz que o conhecimento do Eu é o fim de uma busca que exige esforços pacientes e repetidos. E de modo comovente, como acontece com tantas outras revelações da Existência, ele avisa que o Eu está perto e é repleto de graça. Nas palavras de Whitman:

Não conseguindo apreendê-lo no início, mantenho-me encorajado
Não encontrando em um lugar, procuro em outro
Eu paro em algum lugar esperando por ti.

Leitura Recomendada

ALÉM DE OSHO
As Chaves de seus Best-sellers Ideias, Ensinamentos e a Mensagem do Grande Mestre

Jorge Blaschke

Você será conduzido por um caminho de profunda sabedoria e tradições ancestrais até as chaves para interpretar o pensamento de Osho. O vasto conceito teológico que Osho reúne dos ensinamentos de mestres de distintas épocas, tais como Krishna, Buda, Jesus Cristo, Lao Tsé, Sócrates, Heráclito, George Gurdjieff, entre outros, assim como a exposição original de seu discurso e sua filosofia espiritualista, ajudarão você a compreender os sistemas de crenças da sociedade atual e sua psicologia.

OS FILHOS DE ÓRION
A Chegada da Hirarquia da Luz

Maria Silvia P. Orlovas

A autora, por meio do seu desenvolvimento pessoal, canaliza mensagens de consciência luminosas, de Seres de Luz que se encontram em várias dimensões, no astral do planeta Terra. Em 27 capítulos belíssimos, que despertarão em você o Amor em sua infinita grandeza e pureza, a autora nos conta: " A Hierarquia dos Deuses Criadores firma o acordo de Paz! Na Atlântica, a tecnologia suplanta valores espirituais. Os seres de Capella fazem da Terra seu novo planeta.

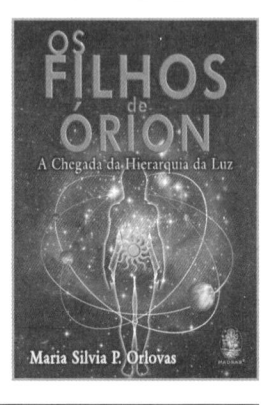

MEDITAÇÃO PARA INICIANTES
Stephanie Clement

Em Meditação para Iniciantes, Stephanie Clement mostra com didática quais são os caminhos para fazer de um período de tranquilidade um meio para se atingir o autoconhecimento. Divididos entre o passado e o futuro, o primeiro podendo nos limitar e o segundo gerar ansiedade, dificilmente nos mantemos no presente – onde as coisas realmente acontecem –, criando para nós mesmos mais problemas.

www.madras.com.br

Leitura Recomendada

Buda
O Mito e a Realidade

Heródoto Barbeiro

O encontro com o Budismo pode ser devastador para alguns ocidentais, no sentido de desconstruir tudo o que uma pessoa aprendeu até o momento e descortinar uma nova realidade. O impacto não deixa pedra sobre pedra das concepções antigas. Basta ver que, na lógica do Budismo, todos os fenômenos são criados por nossa mente, sejam eles materiais ou psicológicos; não há o sobrenatural nem a ajuda divina para nossas agruras do cotidiano. Não há santos, deuses nem metafísica.

Metatron
Como Invocar o Anjo da Presença de Deus

Rose Vandem Eynden

Metatron é considerado o anjo mais próximo do Criador. Ele cuida dos Registros Akáshicos e passou pela vida humana como um dos seres mais antigos da Terra. Apesar de ser pouco conhecido, é o elo entre a humanidade e o Divino.
Nesta obra, Rose Vanden Eynden mostra como as pessoas podem se conectar com a sabedoria e a compaixão desse anjo. Suas meditações orientadas, os rituais de interpretação dos sonhos e outras ferramentas espirituais levarão o leitor à presença de Metatron e o ajudarão a atrair sua energia para o mundo físico.

Os Ensinamentos dos Grandes Mestres da Fraternidade Branca
Alcançando as Estrelas

Gisèle Bourel-Dansot

Os ensinamentos dos grandes Mestres da Fraternidade Branca são apontados nesta obra como um caminho para aqueles que estão em busca do seu encontro com a espiritualidade. A autora mostra que o progresso na caminhada evolutiva do ser humano, tanto material como espiritual, assemelha-se a uma espiral ascendente, em que cada um deve fazer suas próprias escolhas.

www.madras.com.br

Leitura Recomendada

Segredos de Mulher
A Descoberta do Sagrado Feminino
Maria Silvia P. Orlovas

Por meio da história de três amigas, Marisa, Victória e Ana Lú, você acompanhará a transformação interior pela qual cada uma delas passou, a partir do contato que tiveram com os ensinamentos transmitidos por meio de suas taróloga e terapeuta, que se baseavam nas mensagens das cartas do Tarô, permitindo que o sagrado feminino fosse despertado em cada uma delas.

Transformação com a Chama Violeta
Meditação, Orientação, Mantras, Rituais e Mensagens
Maria Silvia Orlovas

Saiba que você pode mudar sua vida, que mesmo as situações aparentemente insolúveis têm saída. O que ocorre é que algumas demandam tempo e determinação. Para isso, é preciso transmutar o padrão de pensamento e de comportamento e ter perseverança na ação correta e no amor.

Meditando com os Mestres dos 7 Raios
Maria Silvia P. Orlovas

Deixar-se guiar pelas palavras serenas e cheias de sabedoria dos Mestres dos 7 Raios é uma forma de entrar em contato com Deus, essa fonte suprema de Amor. Esses professores espirituais têm nos ensinado — e sabem como nos provar — que, se confiarmos nossas vidas a eles, podemos ser felizes, e muito.

www.madras.com.br

MADRAS® Editora
CADASTRO/MALA DIRETA

Envie este cadastro preenchido e passará a receber informações dos nossos lançamentos, nas áreas que determinar.

Nome _____
RG _____ CPF _____
Endereço Residencial _____
Bairro _____ Cidade _____ Estado _____
CEP _____ Fone _____
E-mail _____
Sexo ❏ Fem. ❏ Masc.   Nascimento _____
Profissão _____ Escolaridade (Nível/Curso) _____

Você compra livros:
❏ livrarias   ❏ feiras   ❏ telefone   ❏ Sedex livro (reembolso postal mais rápido)
❏ outros: _____

Quais os tipos de literatura que você lê:
❏ Jurídicos   ❏ Pedagogia   ❏ Business   ❏ Romances/espíritas
❏ Esoterismo   ❏ Psicologia   ❏ Saúde   ❏ Espíritas/doutrinas
❏ Bruxaria   ❏ Autoajuda   ❏ Maçonaria   ❏ Outros:

Qual a sua opinião a respeito desta obra? _____
_____

Indique amigos que gostariam de receber MALA DIRETA:
Nome _____
Endereço Residencial _____
Bairro _____ Cidade _____ CEP _____

Nome do livro adquirido: ***A Jornada para a Meditação***

Para receber catálogos, lista de preços e outras informações, escreva para:

MADRAS EDITORA LTDA.
Rua Paulo Gonçalves, 88 – Santana – 02403-020 – São Paulo/SP
Caixa Postal 12183 – CEP 02013-970 – SP
Tel.: (11) 2281-5555 – Fax.:(11) 2959-3090
www.madras.com.br

Este livro foi composto em Times New Roman, corpo 11,5/13.
Papel Offset 75g
Impressão e Acabamento
Cromosete Gráfica e Editora – Rua Uhland, 307 – Vila Ema – São Paulo/SP
CEP 03283-000 – Tel.: (011) 2154-1176 – www.cromosete.com.br